JN451718

대학생을 위한
신나는 사회봉사 길라잡이

윤갑수 · 박형순 · 이준우 · 현무성 · 김택환 · 임현승 · 원지영 · 주향빈 지음

도서출판 파란마음

머리말

고등교육 기관으로서 대학은 동서양을 막론하고, 사회가 필요로 하는 인재를 양성하기 위하여 시작되었다. 12세기부터 설립되기 시작한 서양의 대학들은 그 사회가 필요로 하는 종교 지도자(신학), 행정관리와 법률가(법학), 의사(의학)를 양성하기 위한 것이었고, 우리나라의 태학, 국학, 성균관도 국가의 고급관리를 양성하기 위한 것이었다. 이렇게 대학은 시대와 사회의 요구에 부응하는 인재를 양성하기 위해 존재해 왔다고 해도 과언이 아니다.

실제로 오늘날 대부분의 대학도 순수한 진리 추구보다는 현 사회가 필요로 하는 인적 자원을 양성하는 것을 주 업무로 삼고 있고, 사회가 대학에 요구하는 것도 주로 그런 것이다. 그런데 최근 사회가 필요로 하는 인재상은 어떠한가? 한 마디로 협력과 상생을 창출할 수 있는 전문 인력이라 할 수 있다. 즉, 개인적인 능력이 아무리 뛰어나도 다른 사람들과 함께 일할 수 없는 인재는 등용되기 어렵게 된 것이다. 그렇다면 자신의 능력도 뛰어나면서 동시에 다른 사람들과의 협력과 동역까지도 효과적으로 수행할 수 있는 인재를 어떻게 양성할 수 있을까? 이 물음에 대한 대답으로 대학의 사회봉사 교육이 크게 각광받고 있다.

그러므로 대학의 사회봉사는 자선적 의미의 봉사 차원을 넘어선 인간 교육의 새로운 방법으로 발전시킬 수 있어야 한다. 다시 말하면 대학의 사회봉사는 교육이념과 복지이념(예 정상화와 사회통합)에 따른 전인적 인간화 교육을 기초로 건강한 민주복지시민 육성과 '더불어 사는 복지공동체' 문화 창조의 기초 확립, 더 나아가서는 애국 애족할 수 있는 세계 속의 한국인 육성을 그 목적으로 해야 한다. 동시에 사회봉사 실천 프로그램을 개발함에 있어서는 인간성 회복을 위한 적극적이며 긍정적인 삶과 사회성 개발 및 가정의 기능 회복과 지역사회 개발, 그리고 민주복지공동체 시민 교육 차원에서 현실적인 삶과 연계한 실용적인 교육훈련 과정으로 발전시켜야 할 것이다(김영호, 2003).

이 책은 바로 이와 같은 대학의 사회봉사 교육의 목적을 실현하는 데에 도움을 주기 위해 집필되었다. 이 책의 저자들은 오랜 시간 동안 대학생들의 사회봉사 교육과 실천에 애써 왔다. 그러면서 고민해왔던 이런저런 내용들을 펼쳐 놓으면서 그에 대한 해결을 도모하는 평소의 생각들을 이 책에 담아내고자 노력하였다. 하지만 책을 쓴다는 것은 결코 쉬운 일이 아니었다. 시간은 흐르는데 정작 좋은 원고는 나오지 않는 어려움을 모든 집필자들이 공통으로 경험하였다. 아마도 집필자들의 원고를 취합하고 편집한 이준우 교수의 큰 수고가 없었더라면 이 책은 세상에 나오지도 못했을 것이다. 어떤 부분은 이준우 교수가 다시 새로 쓴 경우도 있었는데, 이 교수에게는 힘든 작업이었겠지만 여러 필진들에 의해 나타나는 책 구성의 산만함을 짜임새 있게 만드는 데에 큰 도움이 되었다.

특히 이 책을 집필하는 과정에서 무엇보다도 힘들었던 점은 먼저 사회봉사와 자원봉사의 개념부터 혼돈스러운 우리의 현실 때문이었다. 우리나라에서 사회봉사는 상당 부분 자원봉사와 혼용되고 있는 실정인데, 자원봉사라고 하면 너무 제한적인 느낌이 들고, 사회봉사로 할 때는 사회봉사 명령제의 하나로 하는 활동으로 인식하는 잘못된 경향이 있었다. 여러 측면에서 고민하다가 우여곡절 끝에 결국 사회봉사로 하였다. 왜냐하면 사회봉사 속에 자원봉사가 포함될 수 있기 때문이었고, 사회봉사의 광범위한 개념이 보다 폭넓은 봉사를 가능하게 하는 배경이 될 수 있을 것으로 보았다.

다음으로 대학의 사회봉사를 어느 범위까지 보아야 하는지에 대해서도 많은 논의가 있었다. 그 결과 대학의 사회봉사 교육은 '봉사학습' 개념으로 이해되어야 한다는 데에 모든 집필자들의 견해가 모아졌다. 봉사학습이란 봉사와 학습의 동시적인 효과를 거두는 데 그 목표가 있다. 물론 봉사학습은 '행동에 의한 학습(learning by doing)' 혹은 '경험에 의한 학습(learning through experience)' 이라는 교육적 가치에 기반하고 있다. 이러한 봉사학습은 눈에 보이는 봉사자의 경험이 봉사자와 봉사대상자, 양측의 삶을 모두 개선할 수 있기 때문에 전통적인 강의실에서의 학습과는 확연히 다르다. 아울러 봉사자의 직접적인 경험은 자신의 경험에 비춰 본 교육적 반영(reflection)을 할 수 있게끔 함으로써 단순한 자원봉사(Volunteerism)와 구별될 수 있다.

따라서 이 책은 자원봉사를 넘어선 사회봉사의 개념에서, 일반적인 봉사 활동 차원에서 봉사학습의 단계까지 올라선 내용을 다루고 있다. 앞서도 말한 것처럼 여러 집필자가 참여함으로 인해 전체적인 글의 일관성을 잃을까 염려되어 책의 최종 편집을 이준우 교수가 맡아 다각도로 통일성과 일관성이 책 전체에서 유지되도록 심혈을 기울였다. 또한 풍부한 사례와 사진 및 삽화, 도표 등을 필요할 때마다 삽입하였으며 각 장의 마지막 부분에는 '생각 다듬기' 를 실었다. 이러한 시도들을 통해 보다 내실 있게 사회봉사를 학습하게끔 노력하였다.

이 책이 대학에서 사회봉사를 학습하고, 실천하는 학생 본인에게 자신이 생활하는 지역사회, 나아가 보다 넓은 공동체의 복지를 증진시키는 소중한 방법으로 사회봉사를 적절하게 활용할 수 있는 역량이 키워지는 데에 조금이나마 도움이 되었으면 한다.

끝으로 이 책이 나오기까지 물심양면으로 함께 한 강남대학교 사회복지전문대학원 석사 과정 졸업생인 제자 박종미 선생과 석사 과정에 재학 중인 유지현 군에게 고마운 마음을 전하며 이토록 멋지고 아름답게 책을 만들어 주신 도서출판 파란마음 황호철 사장님과 직원 여러분께도 큰 감사를 드린다.

이 모든 것을 진행하신 하나님께 영광과 찬송과 감사를 올린다.

2011년 1월 30일

집필자 일동

C O N T E N T S

제2부 사회봉사의 실제

제1부

사회봉사 내비게이션

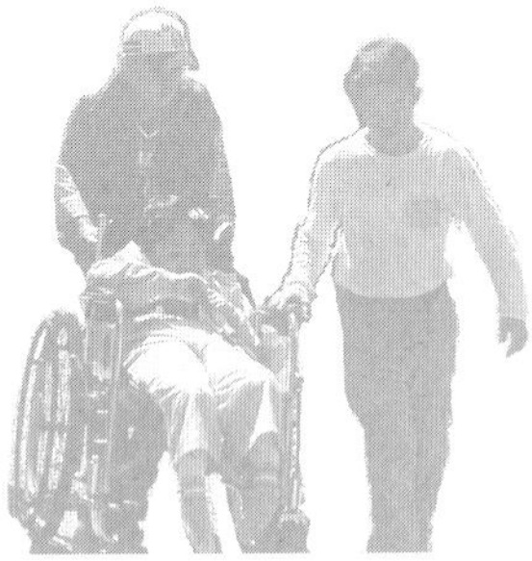

내비게이션(navigation)은 차량자동항법장치(車輛自動航法裝置)라고도 불리는데, 쉽게 설명하면, 자동차에 사용하도록 고안된 범지구위성항법시스템이다. 즉, 위성항법시스템에 의해 지도를 보이거나 지름길을 찾아주어 자동차 운전을 도와주는 장치나 프로그램을 말한다. 국립국어원이 개설 · 운영하고 있는 '모두가 함께 하는 우리말 다듬기' 사이트를 통하여 '길 도우미'로 순화하였으나 여전히 내비게이션이라는 용어가 보편적으로 사용되고 있다(위키백과, 2010). 제1부는 독자들로 하여금 사회봉사를 전반적으로 이해하게끔 안내해 준다. 그래서 '사회봉사 내비게이션'으로 이름 붙였다.

제 1 장

사전 준비:
사회봉사 출발 준비

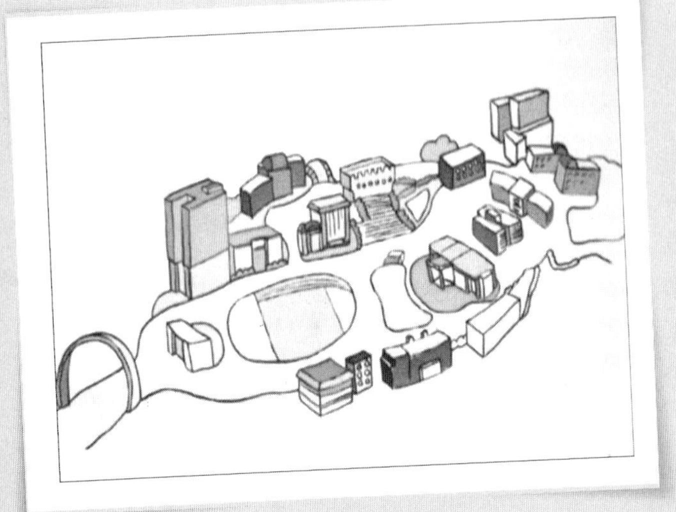

▲ 강남대학교 샬롬관 노천에 그려진 교내지도 '사랑의 벽화'

사회봉사를 시작하기 전에 먼저 준비해야 할 내용이 있다. 사회봉사가 왜 필요한지와 사회봉사에 대한 사명과 과제, 사회봉사를 수행하는 데에 요구되는 리더십 등을 배우고 익히는 일이다.

1. 사회봉사의 필요성

이미 우리나라도 서구 선진국 못지않게 다양한 사회봉사[1)]가 활발하게 이루어지고 있는 나라들 중의 하나가 되었다. 1990년대 후반부터 자원봉사에 대한 관심이 조금씩 자라나더니 기업들과 주요 언론들, 여러 사회 단체 및 시민 단체 그리고 많은 학교들을 통해 사회봉사가 뿌리내리게 되었다. 가령 몇몇 기업은 직원들에게 사회봉사를 연수 과정의 일부로 요구하고 있고, 중앙일보 등 언론기관들도 사회봉사에 대한 홍보와 안내를 열심히 하고 있을 뿐만 아니라 몇몇 대학교에서는 사회봉사를 필수과목으로 정하여 학점을 주고 있으며 중 · 고등학교에서도 자원봉사를

1) 사회봉사란 사회의 이익이나 복지를 위하여 노동력이나 금품 따위를 제공하는 행위를 말한다(Daum 국어사전, 2010).

학교생활과 학과성적의 중요한 항목으로 기록하고 있다.

특히 중 · 고등학생들이 상급학교 입학에 유리할 것으로 판단하여 형식적으로 봉사하는 경우와 같이 사회봉사에 대한 갑작스런 강조가 다소 부작용이 없는 것은 아니지만 전반적으로는 반가운 변화라 할 수 있으며 아무도 그것을 부정적으로만 평가하지는 않을 것이라고 본다. 어쨌든 이런 노력들의 결과로 자원봉사를 포함한 여러 형태의 사회봉사가 우리 사회에 정착되어가고 있는 것만큼은 틀림없다.

그런데 역설적으로 이러한 사회봉사가 활발하게 진행된다고 하는 것은 마냥 좋은 측면에서만 생각할 것은 아니다. 왜냐하면 사회봉사를 강력하게 필요로 할 만큼 우리 사회가 많이 힘들어졌다는 반증이기 때문이다. 수많은 보통 사람들은 서로 도우며 인생을 살아간다. 친구들, 이웃, 친척, 선후배 등의 관계로 서로 돕고 살아간다. 누구나 혼자 살지 못하고 서로 도움을 주고받으며 살아간다. 그런데 이런 기본적인 관계가 깨어지고 있는 것이다.

심지어 오늘날 우리 사회에서 시급하게 구현해야 할 가장 절박한 일이 있다면 그것은 '더불어 사는 삶'이 되었다. 지금 우리 사회는 상당히 분열되어 있으며 개인 간 갈등과 분열 나아가 세대 간[2] 소통단절 등 더불어 함께 하는 공동체성이 크게 훼손된 상황이라 할 수 있다. 실제로 세대 간뿐만 아니라 계층, 학력, 연령, 이념, 종교, 지역별로도 나라는 갈가리 찢어져 있다. 정치권만 보더라도 여당과 야당으로 나뉘어 타협과 상생은 사라지고, 연일 싸우기만 한다. 왜 우리 사회는 양보와 배려가 이렇게 부족할까? 좀 더 사랑하고 희생하며 존중하면 진정한 공생(共生)이

2) 일반적으로 한 사회를 이루고 있는 구성원들은 크게 3개의 세대로 나누어진다. 첫째는 노인 세대이다. 이 세대에 속하는 어르신들은 오늘의 한국 사회가 있기까지 많은 수고와 고생을 한 세대로 공경과 섬김의 대상이다. 둘째는 청장년 세대이다. 이들은 우리 사회를 위해 지금 현재 수고하며 애쓰는 세대로 격려와 협조의 대상이다. 셋째는 우리 사회의 미래를 위해 투자하고 양육해야 할 아동 · 청소년 세대이다. 바람직한 사회란 이 세 세대가 한데 어우러져, 서로 존중하고 협조하며 미래를 위해 투자하는 더불어 함께 사는 사회이다.

가능할 수 있는데 그것이 잘 안 되고 있는 것이다.

바로 여기에서 사회봉사가 필요하다. 사회봉사는 서로 사랑하며 살기 위해 섬기는 활동이기에 진정한 공생을 실현할 수 있는 가장 보편적인 접근이라 할 수 있다. 그렇다면 우리 사회의 어떤 상황이 사회봉사를 요구하는가?

우선 우리 사회에서 소외된 사람들이 아직도 상당수 있다는 것이다. 그들은 사회봉사를 필요로 한다. 그동안 우리는 경제성장에 거의 모든 힘을 기울였고 그것은 우리 사회에 철저히 배타적인 물질주의적 가치관과 타산적이고 경쟁적인 인간관계를 형성해 놓았다. 그 결과 사회의 약자들은 과거 어느 때보다 더 큰 상대적 빈곤감을 느끼고, 경제적 풍요로부터 소외되고 있다.

다음으로 사회적 약자들에 대한 복지뿐 아니라 공공 부문에 대한 관심과 투자도 우리의 경제 수준에 비해서 여전히 많이 부족한 가운데에 있다는 것이다. 사회 간접 시설도 좀 더 확충되어야 하고, 교통, 환경, 치안질서 등도 보다 개선될 필요가 있다. 특히 지역 간, 지자체 간 격차를 줄이는 일이 중요하다. 재정적으로 풍요로운 지역의 경우에는 사회 간접 시설이 충분할 수 있으나 그렇지 못한 지역은 매우 열악할 수 있기 때문이다.

사실 공적으로 보장받아야 할 것을 개개인이 자신의 부담으로 감당하지 않으면 안 되기 때문에 세금은 적게 내지만 개인의 지출은 많을 수밖에 없고, 이 또한 약자들에게 불리하게 작용하고 있다. 다시 말해 세금을 많이 내게 해서 훌륭한 대중교통망을 확충하는 대신 개인들로 하여금 자가용을 이용하게 하면 가난한 사람들은 그만큼 더 큰 어려움을 겪는다. 환경보존을 게을리하는 것은 모든 사람들에게 해롭지만 여기서도 가난한 사람들은 더 오염된 환경에서 생활하고 활동할 수밖에 없다.

그런데 이와 같이 공공 부문에서 발견되는 여러 가지 미비점들도 시민들의 사회봉사로 어느 정도 메워질 수 있다. 환경보존운동, 교통질서를 위한 시민운동 등이 그런 종류의 것이고, 다행스럽게도 이런 종류의 사회봉사는 상당히 잘 정착되어 가고 있다. 한 사회가 민주적이고 정의롭게 되기 위해서는 권력과 금력에 대항하는 시민사회의 세력이 커져야 하고, 다양한 시민운동이 일어나서 가능한 한 많은 사람들이 공익을 위하여 시간과 노력을 바쳐야 한다.

그 밖에도 올림픽, 엑스포, G20 등과 같은 국제적 행사나 수재, 사고 등 갑작스런 재해도 시민들의 자원봉사를 필요로 하고 다행스럽게도 이 분야에 비교적 활발한 봉사가 일어나고 있다. 비록 단기적이고, 이벤트적인 요소가 없지 않으나 매우 요긴한 봉사를 제공함으로 중요한 행사들을 성공적으로 치르고, 어려운 상황을 극복하는 데 큰 도움을 주고 있다.

이런 봉사 활동들은 단순히 사회의 필요를 충족시키는 것으로 끝나지 않는다. 그것은 동시에 중요한 교육적 역할을 감당한다. 봉사에 참여하는 사람은 말할 것도 없거니와 그것을 보는 다른 사람들의 의식에 중대한 영향을 끼친다. 약한 이웃을 도우며 우리가 모두 같이 살아야 한다는 공동체 의식이 성장하고, 개인이 조금씩 희생하면서 모든 사람의 이익을 도모해야 한다는 공공의식이 형성되는 것이다.

바로 사회봉사의 이런 교육적 효과 때문에 많은 학교들이 사회봉사에 관심을 기울이고 있는 것이다. 그동안 우리 교육이 지식 전달에 지나치게 편중되어서 인격이 균형 있게 발달하지 못했다는 정당한 비판이 강하게 제기되었는데 많은 사람들은 이를 보완하기 위하여 사회봉사가 효과적이라고 생각하고 있고, 실제로 여러 면에서 그 효과성이 증명되고 있다.

이렇게 사회와 교육의 많은 필요와 미비점을 정부가 제도적으로 완전히 충족시키고 보완하는 것보다는 시민들의 자발적인 봉사가 그 일부를 감당하는 것은 경제적으로도 효율적일 뿐만 아니라 사회적 유대감과 건강한 시민사회 형성을 위해서도 큰 도움이 될 수 있다. 물론 시민의 사회복지적인 욕구를 전부 봉사로 충족시키는 것은 가능하지도 않고, 바람직하지도 않다.

그러나 제도적으로 이루어지는 사회복지정책은 획일적이고 관료주의적이며 비인격적이 되어 인간의 내면적이고 감정적인 수요를 충족시키지 못할 수도 있고 경제적으로도 복지행정에 드는 비용이 복지 수요자에게 돌아가는 돈보다 더 많아질 위험을 안고 있다. 그러므로 정부의 복지정책과 시민의 사회봉사가 잘 조화되면 바람직한 사회복지가 이루어질 수 있다.

2. 사회봉사와 서번트 리더십

1) 사회봉사의 의의와 목적

기독교에서 제시하는 삶의 대헌장은 경천애인(敬天愛人)이다. 그러므로 기독교에서 추구하는 이상적 사회는 하나님 사랑의 경천과 이웃 사랑의 애인이 조화와 균형을 이루는 사회를 의미한다. 그러한 이상적 사회를 구현하는 대표적인 분야가 사회복지이다. 선진국과 후진국을 비교할 때, 가장 극명하게 구별되는 차이는 사회복지 분야이다. 선진국은 사회복지가 잘 정착되어 있는 복지사회인 반면에 후진국은 사회복지라는 개념이나 문화와는 거리가 먼 사회이다. 구미 선진국에서 사회복지가 일찍 정착된 것은 유럽과 북미 국가들의 정신적 뿌리인 기독교의 영향이라고 할 수 있다.

특히 16세기 유럽의 종교개혁 이후 유럽과 북미 사회가 현대사회로 개편되는 과정에서 기독교는 구미 제국의 복지사회 구현에 견인차 역할을 수행했다. 아리스토텔레스는 정의(正義)의 고전적 의미를 '숨쿠이케 티우에레(Suum cuique tiuerer)' 즉 '각자에게 그의 몫을 주는 것' 이라고 정의했다. 에리히 프롬(E. Fromm)은 21세기 사회는 소유 지향적 사회(물질주의)에서 존재 지향적 사회(사랑, 평화, 나눔)로 나아가야 한다고 주장했다. 기독교의 경천애인의 원리는 '하나님께서 예비하신 각자의 몫을 나누어 주는' '사랑의 공동체' 를 구현하는 것이며 이는 사회복지의 기초 신학이라고 할 수 있다.

그러나 사회복지는 정부의 예산이나 인력과 같은 공적 자원만으로는 감당할 수 없는 거대한 사회적 과제이다. 복지사회의 구현은 정부의 정책적 지원과 국민들의 자발적 참여와 봉사가 함께 어우러져야 하는 총체적(total) 사역(work)이다. 여기에 어우러져야 의미의 중요성과 가치가 존재한다. 사회봉사가 활성화되려면 대학생을 중심으로 하는 청년 인력이 견인차 역할을 해야 한다. 그러므로 대학은 학문적 진리와 함께 실천적 진리의 전당으로서 복지사회 구현에 중심적 역할을 수행해야 할 사명을 지니고 있다.

2) 사회봉사와 리더십

사회봉사는 개인이나 소그룹, 단체 등의 다양한 형태로 운영되고 있으나 소그룹이나 봉사 단체의 경우 조직과 활동의 효과적인 관리와 운영을 위해서 리더십 훈련이 필요하다. 사회봉사의 특성은 무보수여야 하고 자발적 참여와 지원에 의한 자원봉사(voluntarism)가 되어야 한다. 그러므로 사회봉사를 목적으로 하는 소그룹이나 단체는 일반적인 리더십이 아니라 자원봉사의 특성에 적합한 리더십의 훈련이 필요하다. 사회봉사에 적합한 리더십을 제시하기 위해 먼저 몇 가지 질문을 통해서 리더십에 대한 이해를 돕기로 한다.

(1) 리더십이란 무엇인가?

리더십의 의미는 너무도 다양하고 넓기 때문에 그 뜻을 정확하고 간결하게 정의하기는 쉽지 않다. 그럼에도 불구하고 리더십의 기본적인 의미를 정의하면 다음과 같다.

> "리더십(leadership)이란 사회(조직)의 구성원들이 공동의 목표를 실현하기 위해 열정적으로 일할 수 있도록 영향력을 행사할 수 있는 리더의 능력이다."

날로 다양하고 복잡해져 가는 현대사회의 메커니즘 속에서 사람들이 한마음으로 힘을 합쳐 공동의 목표를 향해 열정적으로 노력할 수 있도록 영향력을 발휘하는 일은 쉽지 않다. 더욱이 무보수의 자발적 사회봉사 활동에서 효과적인 리더십을 발휘하기란 더욱 어려운 일이다. 사회봉사 분야에서 사람들에게 영향력을 발휘하기 위해서는 학습을 통해 배운 리더십의 기술만 가지고는 사람들을 움직일 수 없다. 중요한 것은 리더십의 기술이 아니라 리더 자신의 성숙한 인품과 봉사정신이 영향력의 핵심 요소가 된다. 사람들은 자신을 인격적으로 존중하고 사랑으로 배려하는 리더를 존경하고 따르기 때문이다.

(2) 리더는 누구인가?

이 질문은 리더의 바람직한 자화상을 정립하기 위한 것이다. 이 질문에 답하기 위해서는 다음의 질문들에 대해 대답할 준비가 되어야 한다.

① 나는 누구이며 왜 존재하는가?

리더는 자기 자신이 이 세상에서 가장 중요한 존재라는 사실을 확신할 수 있어야 한다. 하나님께서는 모든 사람을 각각 세상에서 유일하고 독특한 존재로 만드셨다. 그리고 각 사람에게 그 사람만의 특별한 존재의 목적과 사명과 재능을 부여하셨다. 그러므로 리더가 되려고 하는 사람은 자신과 구성원의 각각의 존재의 독특성과 다양성(diversity)을 존중하고 그 다양성을 조화(harmony)시키고 통합(unity)하는 능력을 발휘할 수 있어야 한다.

② 나는 어떻게 살아야 하는가?

리더가 되려고 하는 사람은 자신의 가치관이 무엇이며, 그 가치관이 제시하는 꿈과 비전은 무엇이고 그 꿈과 비전을 실현하기 위해 어떻게 살아야 하는지를 물어야 한다. 리더의 가치관은 조직과 그를 따르는 구성원들의 삶의 방식과 방향에 영향을 미치기 때문이다. 예수께서는 리더가 되려고 하는 사람이 지녀야 할 가치관의 기초 원리로서 그리스도의 아가페(Agape) 사랑을 제시하였고, 실천 패러다임으로서 아가페 사랑에 기초한 '섬김과 봉사' 의 삶을 제시하셨다.

③ 나는 어디로 가고 있는가?

리더가 물어야 할 또 하나의 질문은 삶의 목적과 방향에 대한 질문이다. 리더는 모든 일에 분명한 목적과 방향을 제시할 수 있어야 한다. 예수께서 제시하신 삶의 궁극적 목적은 경천애인(敬天愛人)의 삶이다. 경천애인은 사회봉사 활동의 궁극적 목적이며 행동(action)의 방향이다. 그러므로 사회봉사 리더는 항상 자신을 포함하는 조직과 구성원들이 경천애인의 방향성을 향하고 있는지를 살피고 조정해야 한다.

리더에게 있어서 가장 중요한 사람은 바로 아가페(agape) 사랑을 실천하는 자기 자신이며, 가장 중요한 일은 사랑을 실천하는 일이며, 가장 중요한 시간은 사랑을 실천하는 현재의 시간이 되어야 한다. 이러한 아가페 사랑을 실현하기 위한 원리로서 예수께서는 '섬김과 봉사의 정신(Servantship)'을 제시하셨으며 이 서번트 원리에 기초한 패러다임이 서번트 리더십(Servant Leadership)이다. 이 서번트 리더십은 사회봉사의 특성에 가장 적합한 리더십으로서 그 개념과 특성을 살펴보기로 한다(박형순, 2010).

3) 사회봉사와 서번트 리더십(Servant Leadership)

(1) 그린리프(Greenleaf)의 서번트 리더십

서번트 리더십은 본래 예수께서 제시하신 성서적 개념이지만 그 용어를 리더십 분야에서 공식적으로 사용하기 시작한 사람은 미국의 그린리프 리더십센터(Greenleaf Leadership Center)의 설립자인 그린리프라는 사람이다. 그는 헤르만 헤세의 소설 『동방순례』(Journey to the East, 1956)에서 영감을 얻어 서번트 리더십의 개념을 정립했다. 그 소설에서 주인공 레오(Leo)는 동방 순례단의 하인이었지만 순례단의 여정을 기획하고 안내하며 순례 단원들의 인생 상담 역할까지 수행하는 충실한 하인이었다. 그러나 레오가 어느 날 홀연히 사라져 버리자 순례단은 혼란에 빠지고 결국 동방 순례는 중도에 끝나버렸다. 나중에 밝혀진 레오의 정체는 그 순례단을 조직한 비밀 공동체의 정신적 지도자로서 동방 순례단에 하인으로 위장하고 일시적으로 참여했던 것으로 밝혀진다. 작가 헤르만 헤세는 소설 속에서 주인공 레오를 고상한 소명의식을 가지고 섬김과 봉사의 자세로 순례단을 이끌었던 진정한 지도자로 부각시키고 있다. 그린리프는 이 소설을 읽고 주인공 레오의 섬김과 봉사의 정신, 구성원과 고객을 존중하는 상생의 경영 등의 개념을 정리해서 서번트 리더십이란 개념을 소개했다. 그린리프는 서번트 리더의 특징에 대해 "위대한 지도자는 처음에 서번트처럼 보인다. 이 간단한 사실이 지도자를 진정으로 위대하게 만든다. … 지도자의 자질은 선천적으로 서번트 기질이 있는 사람에게만 주어진다."고 말하고 있다. 그린리프(Greenleaf, 2003)가 제시한 서번트 리더십의 특징은 다음과 같다.

① 리더가 섬김의 자세로 조직이나 타인을 위해 봉사한다.
② 리더가 섬김의 자세를 통해 구성원들의 의식 변화와 성장을 돕는다.
③ 리더는 구성원들이 자율적 리더십을 발휘하여 조직의 성장과 변화에 중심 역할을 하도록 돕는다.

(2) 예수 그리스도의 서번트 리더십

"너희 중에 누구든지 크고자 하는 자는 너희를 섬기는 자가 되고, 너희 중에 누구든지 으뜸이 되고자 하는 자는 모든 사람의 종이 되어야 하리라. 인자의 온 것은 섬김을 받으려 함이 아니라 도리어 섬기려 하고, 자기 목숨을 많은 사람의 대속물(희생제물)로 주려 함이라." (마가복음 10:43-45)

위에 인용한 마가복음의 구절은 예수께서 가르치신 서번트십(servantship)의 근거가 되는 성서의 구절로서 'Master's Master Principle(주님의 으뜸 원리)'이라고 부른다. 예수의 서번트십의 중심 사상은 '아가페(Agape) 사랑'에 기초한 '섬김과 봉사의 정신'이다. 예수의 서번트십을 중심 원리로 하는 서번트 리더십의 대표적 특성들은 다음과 같다.

① 섬김과 봉사

리더십에 관한 예수의 가르침은 역설적이고 혁명적이다. 서번트 리더라는 용어는 '종(servant)'이라는 단어와 '지도자(leader)'라는 단어의 합성어이다. 사회적 관점에서는 지도자(leader)라는 단어와 종(servant)이라는 단어는 동격이 될 수가 없다. 그러나 예수의 관점에서는 '지도자'라는 단어와 '종'이란 단어가 동격이다. 예수에게 있어서 '섬김'이란 단어와 '위대함'이라는 단어는 동격이기 때문이다. 예수에게 있어서는 섬기는 자가 위대한 자이고 종의 자세로 살아가는 자가 진정한 지도자이다. 예수의 서번트 리더십에서 '섬김과 봉사'는 아가페 사랑의 구체적 표현이며 행동(action) 양식이다. 서번트 리더는 항상 다른 사람들을 섬기고 봉사하려는 욕구와 동기를 지닌 사람이며, 그러한 섬김의 자세를 통해서 구성원들이 조직과 사회의 변화와 성장을 위한 주도적 역할을 할 수 있도록 돕는다.

② 사랑의 카리스마(Charisma)

아가페 사랑은 하나님의 본질적 속성이며 예수님의 가르침과 삶의 핵심 요소이고 서번트 리더십의 중심 원리이다. 아가페 사랑은 다음의 네 가지 대표적인 구성 요소들을 지니고 있다.

- 솔선수범(I begin first ~)의 사랑: 아가페 사랑은 받기만 하는 사랑이 아니라 내가 먼저 베풀고 나누고 시작하는 적극적인 사랑이다.
- 희생(sacrifice)의 사랑: 아가페 사랑은 감정만이 아니라 희생의 행동이 수반되는 사랑이다.
- 무조건적(unconditional) 사랑: 아가페 사랑은 상대의 조건이나 자격, 또는 이유를 불문하는 무조건적 사랑이다.
- 감정이입(感情移入: empathy)의 사랑: 아가페 사랑은 주관적 사랑이 아니라 상대의 감정과 상황 속에 자신의 감정을 투사하여 그 사람의 감정과 상황을 이해하고 배려하는 사랑이다.

서번트 리더십의 권위와 카리스마는 리더의 직위와 권한에서 나오는 것이 아니라 아가페 사랑에 기초한 섬김과 봉사의 자세에서 나온다. 예수님은 세상에 계실 때 아무런 사회적 직위나 권한을 가져본 적이 없었다. 사람들의 눈에 예수는 항상 가난한 자와 병자들, 하층민들과 어울려 다니는 이상한 사람이었다. 그럼에도 불구하고 예수 때문에 인류는 죄와 죽음으로부터 구원을 받았으며, 인류의 역사는 기원전(AD)과 기원후(BC)로 나뉘었고, 예수의 진리와 문화는 2천년 서양의 역사와 문화 형성에 정신적 지주로서 지대한 영향을 끼쳤다. 예수의 그러한 위대한 권위와 카리스마는 그 분이 세상에 구세주(그리스도)로 오셨지만 종(서번트)처럼 세상을 섬기고 봉사하고 희생하신 아가페 사랑에서 나온 것이다.

③ 의지(Will)

기독교의 경천애인은 지식이나 교양이 아니라 실천해야 할 하나님의 명령이다. 그러므로 서번트 리더십은 리더십의 이론이나 기술보다 리더 자신의 인격 속에 아가페 사랑을 담고 이를 행동으로 실천하려는 리더의 의지가 중요하다. 상식적으로 좋아하는 감정이나 사랑하는 감정은 명령할 수 없다. 그러나 예수께서 사랑을 명령한 것은 아가페의 사랑은 감정이 아니라 행동이기 때문이다. 그러므로 의지적 행동이 따르지 않는 감정만의 아가페는 의미가 없다. 서번트 리더십의 특성과 이론들이 아무리 훌륭할지라도 그것을 공감하고 실천하려는 리더의 확고한 의지가 없으면 서번트 리더십은 제 기능을 발휘할 수 없다. 다음의 공식처럼 의지(will)는 자신이 가지고 있는 계획이나 의도를 행동으로 표현하는 것을 의미한다.

의도(Intentions) + 행동(Actions) = 적극적 의지(Will)
의도(Intentions) − 행동(Actions) = 소극적 의지

그러므로 서번트 리더십은 앞에서 제시한 서번트 리더십의 네 가지 구성 요소들을 행동으로 표현하는 자율 훈련, 즉 규칙적으로 리더가 자신의 의도를 행동으로 표현하는 자율적 행동 훈련을 필요로 하며 그러한 반복적인 행동 훈련을 통해 리더십의 특성들이 리더의 습관(habit)으로 정착되어질 때 비로소 성숙한 리더십을 발휘하게 된다. 참고로 성숙한 서번트 리더십의 자질은 다음과 같다.

- 서번트 리더는 인간의 가치와 존엄성을 존중한다.
- 서번트 리더는 사람들을 지원하고 격려하는 일에서 보람과 기쁨을 찾는다.
- 서번트 리더는 자신의 유익이나 명예를 추구하지 않는다.
- 서번트 리더는 관계 지향적이며 지배와 강압이 아닌 섬김의 관계를 중시한다.
- 서번트 리더는 권위와 신분으로 사람들을 대하지 않는다.
- 서번트 리더의 권위와 카리스마는 직책이 아니라 아가페 사랑의 섬김에서 나온다.

사회봉사는 선진국으로 가기 위해 필수적으로 정착시켜야 할 제도이자 문화이며 이를 구현하기 위해서는 국가의 정책적 지원과 민간 차원의 적극적인 사회봉사가 함께 가야 한다. 민간 차원의 사회봉사가 활성화되기 위해서는 교육기관의 역할이 무엇보다 중요하다. 특히 대학들이 학문의 실천적 영역으로서 사회봉사의 중요성을 인식하고 그에 대한 특성화된 교육을 실시해야 할 필요가 있다. 대학생들에게 사회봉사에 대한 의식 교육과 서번트 리더십과 같은 특성화된 리더십 교육을 통해 그들을 성숙한 사회봉사인으로 양성해야 한다. 대학생들이 성숙하고 전문화된 봉사인들로서 사회봉사의 주도적 역할을 하게 될 때 한국사회는 이상적인 복지사회로 발돋움하게 될 것이다.

생각 다듬기

1. 사회봉사가 필요한 이유는 무엇인가요?
2. 서번트 리더십의 성서적(Master's Master Principle) 근거와 의미에 관해 토론해 봅시다.
3. 그린리프의 서번트 리더십과 기독교의 서번트 리더십의 핵심 특성의 차이는 무엇인가요?
4. 서번트 리더십의 자질을 현실에 적용할 수 있는 방법에 대해 토론해 봅시다.

제 2 장

경로 탐색과 따라가기:
사회봉사 실천 과정

제1장에서 다룬 '사회봉사의 필요성', '사회봉사와 서번트 리더십' 등의 내용을 기초로 사회봉사의 개념을 간략하게 정리해보면, 사회봉사란 '사람과 가족, 집단, 지역사회 등을 정성으로 섬기는 활동'이라고 할 수 있다.

이러한 사회봉사를 효과적으로 수행하기 위해서는 사회봉사가 실현되어져 가는 실천 과정을 구체적으로 파악할 필요가 있다. 즉 사회봉사의 실천 과정을 알아야 한다. 사회봉사 실천 과정이란 사회봉사를 원하는 사람들과 사회봉사를 받는 봉사대상자들을 연결함으로써 효과적인 사회봉사가 되도록 하는 일련의 절차라고 할 수 있다. 이와 같은 사회봉사 실천 과정은 증가하는 사회봉사에 대한 욕구를 충족시키기 위해 현실에 적합한 사회봉사 활동의 관리와 운영을 가능하게끔 하는 유용한 방법이 되기도 한다.

특히 사회봉사 활동을 수행하는 기관의 입장에서 주로 부딪히는 문제들은 바로 봉사자들을 모집하고 배치하는 업무와 봉사 활동 도중에 탈락하는 경우, 봉사참여 빈도와 봉사 수준과 정도 등으로 정리될 수 있다. 따라서 효과적인 사회봉사 관리는 매우 중요하며 이는 봉사자의 모집, 훈련, 배치, 슈퍼비전, 인정과 보상 등과 같은 사회봉사 실천 과정을 통해 구현된다.

그러면 제2장에서는 마치 이미 켜 둔 내비게이션 화면에 나타나는 경로를 탐색하고 그 경로를 따라가는 것처럼 사회봉사의 실천 과정대로 순차적으로 살펴보도록 하자.

1. 봉사자 모집, 면접, 배치

1) 봉사자 모집

사회봉사는 봉사자들을 모집하는 것으로부터 시작된다. 다시 말해 사회봉사가 수행되기 위해서는 무엇보다도 봉사자 모집이 가장 우선적으로 이루어져야 한다. 모집 활동은 사회봉사의 출발점으로 사회봉사의 성패를 좌우하는 매우 중요한 부분이다. 봉사자를 모집하기 위해서는 먼저 모집을 위한 구체적인 준비를 해야 한다.

(1) 모집 전 준비사항

봉사자를 모집한다고 하는 것은 봉사자와 봉사대상자가 만나도록 연결해 주는 과정을 말한다. 즉, 사회봉사 활동을 하고자 하는 대학생들에게 동기를 부여하고 기관이나 시설에서 제공하는 일거리와 만나도록 주선하는 것이라고 할 수 있다(김범수 외, 2001).

물론 많은 경우, 학교에서 관련 직원들이 사회봉사 현장을 미리 확보한 후, 대학생 봉사자를 모집하겠지만 보다 더 활발한 사회봉사 동기와 의욕을 고취하기 위해서는 그동안 이미 봉사 활동을 꾸준히 해 온 선배 대학생 봉사자들과 직원이 함께 모집을 준비하는 것도 좋다. 어쨌든 대학을 통해 기관에서 봉사자를 활용하려고 결정했을 경우 효율적으로 봉사자를 모집하는 방법과 준비사항이 필요한 것은 당연한 일이다. 준비사항을 구체적으로 알아보면 다음과 같다(Dunn, 1995; 김동배, 2005 재인용).

첫째, 봉사 활동 프로그램을 기획해야 한다. 프로그램을 기획하는 것은 봉사 활동을 활용하고자 하는 기관에 있어서 유능한 봉사자를 확보하고 봉사 활동을 지속적으로 유지시키는 데에 큰 도움이 된다.

둘째, 기관 내 직원들에게 봉사 활동에 관한 교육이 필요하다. 무엇보다도 사회봉사 활동에 대한 긍정적인 인식을 직원들에게 심어 주어야 한다. 왜냐하면 사회봉사 활동에 관한 올바른 이해 없이 봉사자를 활용했을 경우 상호보완적이 아니라 오히려 직원과 봉사자 간의 종속관계에 의한 상호 의견대립이 발생할 수도 있기 때문이다.

셋째, 봉사자를 받아들일 때는 그들의 사회적 지위, 경제적 수준, 교육 정도 등에 따라 적절히 활용할 수 있는 지혜가 필요하다. 또한 봉사자는 기관의 직원에 비해 통찰력과 비판의식이 있더라도 직원의 통솔에 따르는 겸손한 자세가 필요하다.

넷째, 봉사자가 안정감을 갖고 자신의 능력을 최대한 활용할 수 있도록 기관 내의 정보를 제공해 줄 수 있어야 한다.

다섯째, 봉사자가 활용할 수 있는 방이나 비품, 이름표, 사회봉사 활동일지, 출근부, 사회봉사 활동 시간표, 사회봉사 활동 신청서 및 봉사자가 참여할 수 있는 프로그램이 준비되어 있어야 한다.

여섯째, 업무설계를 하여야 한다. 업무설계는 업무기획 또는 업무계획이라고도 한다. 업무기획은 봉사자에게 사회봉사 활동의 의미와 만족을 부여하고, 봉사대상자에게 질 높은 서비스를 제공하는 것을 목적으로 봉사자가 하게 될 업무를 세부적으로 계획하고 설명하는 과정이며, 업무의 구조적 · 사회적 측면과 그 업무가 구성원들에게 미치는 영향을 모두 포함하는 의도적이고 신중한 계획을 의미한다.

(2) 홍보를 통한 모집방법

준비사항이 완료된 후에는 봉사자를 모집해야 한다. 봉사자 모집을 효과적으로 수행하기 위해서는 봉사자를 어디에서 어떻게 모집할 것인가를 구체적으로 계획해야 한다(박태영 외, 2008). 지역사회 내에 유휴인력이 많다고 해서 그들이 반드시 봉사자가 된다는 보장은 없기 때문이다. 봉사자를 효과적으로 모집하기 위해서는 다음 사항을 고려하여야 한다(김범수 외, 2001).

① 홍보 활동을 통해 모집하는 방법

홍보 활동의 종류로는 텔레비전, 라디오, 신문, 기관지, 광고지 등 미디어 매체를 통한 홍보방법, 지역주민을 중심으로 지역사회의 소집단을 활용하는 방법 등 여러 가지 방법이 있다. 이들 중 적절한 방법을 효과적으로 활용할 필요가 있다.

② 자원봉사(사회봉사)센터나 관련기관을 통해 모집하는 방법

현재 우리나라에는 봉사자를 모집하고 훈련하여 여러 관련기관들과 연결시켜 주는 역할을 하는 기관이 많이 있다. 예를 들면, 각 지방 사회복지협의회, 자원봉사센터, 각 대학 부설 사회봉사센터, 사회봉사단, 교회 등이다. 이들 기관들을 적극 활용하게 되면 잠재적 봉사자들을 확보할 수 있고, 이들이 사회봉사에 참여하고자 하는 동기와 욕구를 고양시키는 데에도 도움이 될 수 있다.

③ 교육과 훈련의 과정을 활용하는 방법

지역주민을 대상으로 하는 다양한 교육과 훈련 과정을 통해서 봉사자를 모집할 수 있다. 이러한 교육과 훈련은 지역주민의 사회봉사 활동 참여 동기를 조성하는 데에 크게 유용하다. 따라서 지역에 있는 주민자치센터(구, 동사무소)나 시 · 군 · 구청 등과의 유기적인 연계를 통해 주민 대상의 교육과 훈련 프로그램에서 봉사자 모집 홍보를 할 수 있는 여건을 만들어 갈 필요가 있다.

(3) 봉사자 모집에 있어서 고려해야 할 점

대부분의 봉사 단체나 조직은 자원봉사이든, 사회봉사이든 봉사자만 많이 모집할 수 있으면 모든 문제를 다 해결할 수 있다는 인식으로 모집 활동 그 자체에 모든 힘을 모으는 경향이 있다. 하지만 봉사자 모집은 사회봉사 활동의 중요한 과정으로서 그 자체에 사회봉사의 숭고한 이념과 가치가 내포되어야 한다. 따라서 봉사자 모집에 있어서 고려해야 할 점들이 있으며 구체적으로 살펴보면 다음과 같다.

① 사회봉사 활동의 소중함을 인식시키기

봉사자를 모집하는 것은 단지 봉사 활동을 시키기 위해 사람을 찾는 것이 되어서는 안 된다. 봉사 활동은 그 자체가 가치 있는 일이 되어야 하며 당연히 봉사자는 사회봉사 활동을 통해 타인을 돕는 일이 얼마나 소중한지를 깨닫고 배울 수 있어야 한다. 실제로 봉사자를 모집할 때, 봉사자들이 사회봉사 활동에 참여하고자 하는 욕구의 기본적인 조건은 사회봉사 활동이 의미 있는 것이어야 한다는 점이다. 따라서 봉사자들이 원하는 의미 있는 사회봉사 활동을 개발하지 않고 모집하는 것은 존재하지 않는 상품을 팔려고 시도하는 것과 같다고 볼 수 있다. 이렇게 되면 대부분의 사람들은 그러한 상품을 사려고 하지 않을 것이다(김범수 외, 2001).

② 봉사자 찾기

봉사자를 모집할 때, 두 가지 유형의 어려움이 있다. 첫째는 수적으로 충분한 봉사자가 없다는 것이며, 둘째로는 봉사 활동에 적합한 봉사자가 부족하다는 점이다. 즉 어떤 때는 봉사자 자체가 없어서 문제가 되기도 하고, 또 어떤 경우에는 지원자들은 많은데, 막상 선정하려고 하면 마땅한 봉사자가 없을 수 있다는 것이다. 따라서 모집이란 지원자들이 많아지게끔 하는 것뿐만 아니라 지원자들 가운데서 자격이 있는 사람을 구분해 내는 일까지도 포함해야 한다.

(4) 봉사자 모집 전략

봉사자를 모집할 때에는 봉사자의 다양한 잠재적 활용 가능성에 대해서 유연성을 가지고 폭넓게 생각할 필요가 있다. 그러면서도 봉사자를 실질적으로 모집하기 위한 메시지 전달과 실제적인 모집 전략은 치밀하고 구체적으로 수립해야 한다. 봉사자 모집 전략을 구체적으로 살펴보면 다음과 같다.

① 표적 집단 정하기

봉사 활동을 효과적으로 수행하기 위해 어떤 기술과 어떤 사람이 필요한지 분석할 필요가 있다. 그런 후에 봉사자로 적합하다고 판단되는 대상 집단을 설정한다.

대상 집단이 설정되면 언제, 어디서, 어떻게 모집할지를 결정한다. 특히 효과적인 홍보수단을 결정할 필요가 있다.

② 모집인원 정하기

모집 단계에서는 어느 정도 여유를 갖고 모집하는 것이 바람직하다. 봉사자 인력풀을 형성해 놓으면 유사시 갑자기 많은 인원의 봉사자가 필요할 때 큰 도움이 될 수 있다. 하지만 지나치게 많은 인원을 예비인력으로 모집해 놓으면 봉사 현장 마련에 엄청난 스트레스가 될 수도 있다. 따라서 실제 수요보다 약간 많은 인원을 모집하는 것이 유용하다.

③ 모집기간 정하기

설정된 대상 집단이 모집관련 홍보를 접할 수 있는 충분한 기간은 얼마인지, 현재 모집하고 있는 시기가 적절한지 등을 분석하여 모집기간을 정한다. 때로는 이미 봉사하고 있는 기존 봉사자들에게 물어보고 모집기간을 정할 수도 있다.

④ 모집장소 정하기

모집대상, 즉 잠재된 봉사자가 모집 메시지나 관련 내용을 가장 편하게 접할 수 있는 장소를 파악하여 결정한다. 모집장소를 정할 때에도 기존 봉사자에게 알아보는 것은 매우 유용할 수 있다.

⑤ 구체적인 홍보 메시지 결정하기

무엇을 홍보할 것인가, 즉 무엇을 알릴 것인가를 결정해야 한다. 모집을 위한 주제가 될 수도 있고, 모집 홍보물의 제목이 될 수도 있다. 홍보 메시지는 모집 대상에 대한 분석을 바탕으로 하여 모집 계획서에 서술된 내용을 가지고도 만들 수 있다. 메시지는 글이 될 수도 있고, 동영상이나 UCC, 사진 혹은 그림 등이 될 수도 있다. 경우에 따라서는 기존 봉사자들이 아이디어를 내거나 직접 제작한 내용을 허락을 받아 사용할 수도 있다.

⑥ 모집하기

모집에 대한 실제적인 계획이 수립되면 그 계획을 위한 비용의 효과성을 고려해 보아야 한다. 봉사자를 모집하기 위한 비용이 실제 효과성과 비교해 철저히 검토되어야 한다. 모집에 소요되는 비용에 대한 분석까지 마치면 계획대로 모집기간 동안 봉사자를 모집하게 된다.

⑦ 평가

모집을 한 후에는 반드시 모집의 과정을 평가해야 한다. 봉사자 모집에 대해 모집대상은 적절했는지, 모집장소는 적합했는지, 봉사자에게 동기부여와 지지, 인정의 분위기가 조성되었는지 등의 전반적인 평가가 필요하다.

2) 봉사자 면접

사회봉사 활동을 체계적으로 운영하는 기관들은 거의 대부분 봉사자들을 대상으로 면접을 한다. 왜냐하면 기관의 입장에서는 봉사자들을 잘 배치하기 위하여 봉사 담당 직원이 봉사자에 관해서 알아야 할 사실들을 파악할 필요가 있기 때문이다. 봉사자와의 면접에서 일반적으로 나오는 몇 가지 질문들을 요약하면 다음과 같다(김영호, 2003; 박태영 외, 2008).

- 무슨 이유로 사회봉사 활동을 하고자 하는가?
- 어떻게 해서 사회봉사 활동에 흥미를 가지는가?
- 해당 사회봉사 활동 분야에서 업무를 수행한 경험이 있는가?
- 특정 업무에서 얻으려는 것이 무엇인가?
- 이 기관의 업무에 어떻게 기여할 수 있는가?
- 자신의 취미와 관심사와 하고자 하는 업무는 잘 연결되는가?
- 사회봉사 활동에 6개월 또는 1년 동안 책임감을 갖고 참여할 수 있는가?
- 기관, 봉사대상자 그리고 수행하게 될 활동에 대해 알고 싶은 것은 무엇인가?

봉사자는 이와 같은 면접에 진솔하게 최선을 다해 임해야 한다.

3) 봉사자 배치

봉사자들의 기대, 능력, 기관의 욕구를 고려하여 적절한 업무에 배정하는 것이 필요하다. 배치란 봉사자의 기술과 재능을 봉사 활동을 요구하는 수요처의 특별한 요구와 연결시키는 것으로, 적절한 배치는 어떤 사회봉사에 있어서도 가장 중요한 열쇠가 된다. 신규 봉사자를 배치할 때는 가능하면 기존에 활동하고 있는 봉사자와 함께 하는 자리를 만들어 공감대를 형성할 수 있는 기회를 만들고, 활동에 대한 다양한 정보를 얻을 수 있도록 한다. 배치는 봉사 활동 지원자가 처음 봉사 활동을 시작하기 전에 한번 이뤄지는 것이 아니라 봉사자들이 더 좋은 발달 단계로 옮겨 갈 수 있도록 수행되어야 하는 중요한 활동이다. 효과적인 업무배치를 위해서 고려할 사항은 다음과 같다.

- 봉사 활동 수요 기관의 조건이다. 봉사자를 필요로 하는 기관에서 요구하는 업무내용과 조건, 기관에 대한 기본적인 이해, 이전 또는 기존의 봉사자의 활동 현황들을 고려해야 한다.
- 봉사 활동 집단 또는 조직에 대한 조건이다. 봉사자들이 개별로 활동하는 것이 아니라 팀으로 활동할 경우 활동을 함께 할 집단이나 조직에 대한 충분한 정보를 제공하여야 한다.
- 봉사자의 조건이다. 봉사자가 희망하는 활동 내용은 물론 희망 시간대, 봉사자의 속성, 의식 등을 고려해야 한다.

2. 교육과 훈련 그리고 슈퍼비전

1) 교육과 훈련

봉사 활동은 단순히 어려운 사람을 돕는 자선적인 활동만은 아니다. 이것은 인간의 인성 교육과 사회성 개발의 기초이며 날로 해체되어가는 우리 가정과 지역사회를 "더불어 질적인 삶을 살 수 있는 민주복지시민의 육성을 기초로 한 더불어 사는 복지공동체"로 발전시키는 인간의 가치 창조적 · 복지적 삶 그 자체인 것이다(김영호, 2003). 이렇게 볼 때, 사회봉사 활동은 가치 중심적이며 사람들이 행복하게끔 하는 소중한 일이라 할 수 있다. 이토록 숭고한 사회봉사 활동에 참여하는 봉사자는 배정받은 일정한 업무를 효과적으로 잘 수행하기 위해 교육과 훈련을 받아야 한다.

사회봉사 활동을 위한 교육과 훈련은 사회봉사 활동에 참여하도록 동기를 부여하거나, 참여하고 있는 사람들이 봉사 활동을 효과적으로 수행해 낼 수 있도록 하기 위한 과정이다. 해당 업무가 요구하는 데 따라서 훈련이 '단기간에 이루어질 것인가, 장기간에 이루어질 것인가', '단순하게 진행될 것인가, 복잡하게 진행될 것인가'가 좌우된다. 훈련은 중요하며 이는 사회봉사 대상자에게만이 아니라 동시에 봉사자들의 권리라고도 볼 수 있다(박태영 외, 2008).

김영호(2003)는 봉사자의 교육과 훈련의 방법에 대해 다음과 같은 5단계를 제시하고 있다.

(1) 제1단계: 만남과 인식 단계(시청각 교육 및 체험학습)

봉사 활동을 하고자 하는 사람들이 다양한 사회문제 현상과 노숙자 및 사회복지기관(시설)에서 지원받는 사람들과의 만남(체험학습), 장애체험 혹은 시청각 교육을 통하여 감동 · 감격 · 깨달음과 은혜, 감사하는 마음을 불러일으키고 이에 따라 자신과 다른 사람의 존엄성과 존재의 의미를 알고 공생적 삶의 가치를 깨닫게 하는(가족과 이웃 그리고 인간존중, 인권사상, 자기성찰, 생의 의미 등을 알게 함) 과정이다. 이 과정에서 소집단 과정을 활용하면 더욱 효과적이다.

(2) 제2단계: 상호 간의 관심 단계

제1단계의 시청각 교육과 체험학습을 거친 후 학생인 경우 감상문을 작성하게 하고, 성인인 경우 즉시 소집단모임을 갖게 하여 시청 및 실천 소감을 발표하고 토의하도록 함으로써 회원 상호 간에 자기성찰과 깨달음의 기회를 갖게 한다. 동시에 다른 사람과 사회문제에 대한 관심 및 신앙적 성숙에 대한 관심을 갖게 하며, 지금까지 깨닫지 못했던 인간의 본질적이고 숭고한 내면의 가치와 타인의 이해와 수용이라는 새로운 인간관계 및 인간관에 눈을 돌리도록 하는 단계이다.

(3) 제3단계: 문제 발견 및 협의 단계(실천과제 협의 단계)

봉사자들 간의 협의 과정을 통하여 인간의 가치적 삶의 의미를 깨닫게 되고 가정과 지역사회 문제를 발견하고 그 문제를 더불어 생각하며 사회적 책임을 자각하고 자신들이 할 수 있는 실천과제를 협의하게 하는 단계(가정, 학교, 교회, 지역사회, 직장 등에 대하여)이다.

(4) 제4단계: 문제해결을 위한 계획과 실천(생활) 단계

봉사자 자신들(각자 혹은 소집단)이 실천해야 할 과제를 스스로 선택하게 하고, 그 선택 과제를 계획적으로 실천하면서 점차 가치적 인식과 질적인 삶을 추구하고 지역사회 문제해결과 예방을 위한 연구 · 논의를 기초로 해결방법에 따라 다양한 실천계획을 세우고 필요시 타 집단과 더불어 실천하는 생활체험 단계이다.

(5) 제5단계: 평가 및 발전 단계

더불어 행한 계획적 변화노력(생활)을 돌이켜 생각해 보고 반성하며, 가족 구성원을 비롯하여 지역사회 주민과 더불어 연구하고 발전하는 단계이다. 소집단 과정을 통하여 자신들의 활동결과에 대한 평가와 자기성찰은 물론 새로운 깨달음과 사회봉사적 가치를 생활화한다. 동시에, 그 실천 과정에서 기쁨 · 보람 · 감사 그리고 신바람을 불러일으키고 발전적 안목으로 가정과 지역사회 주민(집단)의 공동의 복지목표를 위해 계속적으로 새로운 발전적 목표를 향해 전 지역사회 프로그램으로 확대 · 발전할 수 있도록 계획하고 전개하는 단계인 것이다. 이 과정에서는 다양한 소집단이 연합하는 것을 기초로 점차 타 기관 단체들의 이해를 증진시켜 가고, 협력하여 확대된 활동으로 발전할 수 있게 하는 것이 바람직하다. 특히 본 교육훈련 과정에서는 사회봉사 활동의 단계적 목표를 달성하도록 하기 위한 소집단 과정을 강조한다.

2) 슈퍼비전

슈퍼비전은 일반적으로 사회복지기관에서 유급 직원들이 서비스를 효과적이고 효율적으로 전달하기 위하여, 상급자가 도움을 주는 활동이다. 슈퍼비전은 유급 직원이나 봉사자에게 동등한 입장에서 지지해 주고 도움을 제공하는 것으로 상하 관계에 의한 감독이나 감시가 되어서는 안 된다. 봉사자들은 그들이 전문적으로 관리될 때, 좀 더 전문적으로 업무를 하려는 경향이 있다. 그들은 자신들을 전문직 팀의 일원으로 지각하고 있으며 단순히 임금을 받지 않는 노동력으로 취급받는 것을 싫어한다(김동배, 2005).

효과적인 슈퍼비전을 위해서는 첫째 업무에 관해서는 완벽한 지시를 주고 어떤 질문에도 응답할 준비를 해야 하고, 둘째 기관이 기대하는 것을 명확히 전달하며, 셋째 봉사자의 활동에 인정과 감사를 표시하고, 넷째 부적절한 행동을 바로 볼 수 있게 도우며, 다섯째 봉사자의 욕구를 충족시키는 데 융통성을 발휘해야 할 것이다. 이를 위해서는 슈퍼비전을 위한 체계적인 지침서 작성과 슈퍼바이저의 관리 기술 교육이 뒤따라야 할 것이다(조휘일, 1998; 김동배, 2005).

3. 인정과 보상

봉사자가 봉사 활동을 중단하지 않고 꾸준히 지속할 수 있도록 하는 요인들 중의 하나로 사회봉사 활동에 대한 인정과 보상은 상당히 중요한 의미를 지닌다고 할 수 있다(김동배, 2005). 그러나 인정과 보상에 경제적 의미를 부여하는 경향은 매우 조심해야 할 것으로 본다. 왜냐하면 사회봉사 활동은 그 자체로 자발성과 무보수를 지향하고 있기 때문이다. 실제로 많은 봉사자들은 자신들의 활동 대가로서 경제적 보상이 아닌, 사회적 기여나 자아 개발을 도모함으로써 얻게 되는 심리사회적 보상을 선호하고 있는 것으로 나타나고 있다(박태영 외, 2008).

1) 공식적인 인정과 보상

봉사자는 자신의 봉사 활동에 대해 공식적인 인정을 효과적으로 받을 필요가 있다. 공식적인 인정의 사례는 다음과 같다.

- 봉사자의 업적을 치하하기 위해 연례적으로 개최하는 행사나 저녁식사, 리셉션, 다과회
- 증명서, 상패, 봉사자 핀, 배지 등의 제공
- 사회봉사 활동의 경력인정과 증명서 제공
- 선출직 인사의 선출 판단 기준으로 설정
- 입학, 취업, 승진 등에 반영

이상과 같은 공식적인 인정과 보상을 하려고 할 때 고려해야 할 사항은 다음과 같다(김범수 외, 2001).

- 이것은 봉사자에게 경의를 표하기 위해서인가?
- 이것은 형식적이거나 진부하지 않고 진심인가?
- 이것이 반드시 필요한가?
- 이것이 축하의 느낌과 팀의 멤버십 구축에 도움이 되는가?

결국 공식적인 인정과 보상은 정성과 마음이 담겨 있을 때, 분명한 효과를 낼 수 있다.

2) 비공식적인 인정과 보상

가장 효과적인 봉사자에 대한 인정과 보상은 봉사자에 의해 수행되고 있는 업무에 대한 유급 직원의 일상적인 감사 표현을 통하여 실현될 수 있다. 일상적인 인정은, 예를 들면 감사하다고 말하는 것, 그들에게 영향을 미치는 결정에 참여시키는 것, 그들의 가족과 바깥 생활에 대해 관심을 보여주고 묻는 것, 직원이 받는 대우를 동등하게 받는 것, 그들의 가족에게 감사의 편지를 보내는 것, 그들의 기술을 향상시키기 위하여 훈련에 참석시키는 것, 더 책임감 있는 업무에 추천하는 것 등이 있다(김범수 외, 2001).

이러한 비공식적인 인정과 보상은 몇 가지 유의사항을 참고하여 시행해야 한다(박태영 외, 2008).

- 공개적으로 인정하되 특히 동료들이 보는 앞에서 하면 좋다.
- 인정해야 할 때는 봉사자가 인정받을 만한 성과를 성취한 직후에 하는 것이 가장 좋다. 한참 지난 후에 보상하면 김빠진 맥주와 같다. 그러므로 그들이 해낸 훌륭한 활동들에 대해서는 그날 즉시 칭찬이나 감사를 표함으로써 보상하는 것이 중요하다.
- 개인에게 맞추어진 인정이 효과적이다. 어떤 사람이건 그에게 가장 의미 있는 보상의 타입을 알아서 실행한다. 어떤 사람은 다른 사람들 앞에서 '고맙다'는 말을 듣기를 좋아하지만 다른 사람은 조용히 사적으로 받는 것을 좋아한다.
- 인정은 장난이 아니라 진지한 것이도록 해야 한다. 인위적이거나 겉만 번지르

르한 것은 곧 드러나서 당사자에게 불쾌감을 준다.

- 인정과 보상은 공정하게 해야 한다. 만일 임무를 잘 하지 못한 봉사자를 보상한다면 오히려 잘 하는 사람의 사기를 저하시킨다.

그리고 인정과 보상의 전달에는 각 개인의 사회봉사 활동의 동기와 욕구가 가장 우선적으로 고려되어야 한다. 따라서 봉사자들을 개별화하여 의미 있는 보상을 실시하는 것이 사회봉사 관리자의 중요한 임무이다.

4. 평가

봉사 활동에 대한 평가는 활동이 목표대로 잘 진행되는지 여부를 파악하여 프로그램의 확대, 지속, 축소 등의 정책을 결정하고, 재원 제공자에게 재원의 효율적인 사용을 객관적인 자료를 통하여 알릴 수 있고, 봉사자들이 그들의 잠재능력에 더 가깝게 일하도록 돕기 위한 것과 조직이 봉사자들과 더 잘 일할 수 있도록 돕기 위한 것이다.

평가 시기는 첫째 활동 개시 직후, 둘째 활동 중(월별, 분기별, 연 1회 등), 셋째 활동 종료 시, 넷째 상황에 따라 등으로 프로그램 평가에 적합한 시기를 선택하여야 할 것이다. 평가 주체는 내부 평가자와 외부 평가자로 구분할 수 있으며, 내부 평가자로는 사회봉사 담당 직원, 봉사자, 봉사대상자가 될 수 있을 것이다. 외부 평가자로는 전문 평가기관이나 평가 전문가에게 의뢰하면 될 것이다. 평가 유형에는 활동의 과정과 절차가 얼마나 합리적으로 이루어졌는지를 평가하는 과정 평가와 활동을 통하여 달성하고자 세운 목표를 잘 달성했는지를 알아보는 결과 평가, 활동을 통하여 일어난 모든 변화를 측정하는 영향 평가가 있다. 평가 방법에는 설문지나 간담회, 개인적인 접촉, 작품 등을 통하여 측정해 낼 수 있는데 주로 많이 사용하는 것이 설문지를 이용하는 방법이다. 평가 기준은 각 단체, 집단의 독자적인 기준을 설정하여 평가해야 하고 획일적인 방법이 아닌 다양한 형태가 바람직하다. 평가 기준으로 고려할 수 있는 것을 들면 다음과 같다(박태영 외, 2008).

- 활동 기간
- 활동 목적의 사회적 의의(지역사회에 있어서 문제의 중요성)
- 활동의 난이도
- 활동에 있어서 리더십
- 활동에 공조하여 참여한 인원 수
- 봉사대상자 측의 평가, 감사 정도
- 사회봉사 지도관리자 측의 평가, 감사 정도
- 관계자나 시민에게 폭넓게 감동을 주는 정도
- 활동 그 자체의 구체적인 성과의 크기
- 활동 계획에 따른 실행의 정확성
- 활동 목적 또는 방법의 참신성
- 다른 유사한 활동을 참고로 한 기준

생각 다듬기

1. 사회봉사의 출발점이자 성패를 좌우하는 중요한 부분의 하나인 봉사자 모집의 과정은 어떻게 진행되는지 알아봅시다.
2. 사회봉사 활동을 위한 교육과 훈련의 차이는 무엇인가요?
3. 사회봉사 활동에 대한 인정과 보상을 할 때 주의해야 할 점에 대해 토의해 봅시다.

제3장

경로 익숙해지기:
사회봉사 기술

사회봉사가 무엇이며 어떤 과정에 따라서 봉사 활동을 수행해 나가야 하는지를 알게 되면, 지금부터는 사회봉사를 습관화하는 일이 필요하다. 제3장은 이런 의미에서 '경로 익숙해지기'라고 이름 붙였다. 사회봉사를 일상생활처럼 꾸준히 해 나가기 위해서는 봉사 활동에 익숙해져야 하며 익숙해지면 봉사 기술이 될 수 있다. 제3장에서는 사회봉사를 익숙하게 할 수 있는 실제적인 기술들을 소개하고자 한다.

1. 자원 개발 기술

사회봉사를 잘 하기 위해서는 봉사 활동 시에 요긴하게 쓸 수 있는 다양한 자원들을 탐색하고 활용할 수 있는 능력이 필요하다. 이를 위해서는 자원에 대한 심도 있는 인식이 봉사자에게 있어야 할 것이다.

1) 자원의 유형과 종류

자원이란 인간의 욕구를 충족시키기 위해 소비되어지는 이용 가능한 것으로 시설이나 설비, 기관, 제도에서부터 개인의 지식이나 정보, 기술까지 유 · 무형의 모든 것을 포함하는 개념이다. 따라서 지역사회 자원은 다양하고 복합적인 욕구를 지닌 지역사회 구성원들의 욕구를 충족시키고 그들의 사회적 기능을 향상시키는 데 있어서 필수적인 요소라고 볼 수 있다. 이러한 지역사회 자원의 유형은 그 속성에 따라 몇 가지로 세분화할 수 있다.

(1) 인적 자원

인적 자원이란 지식, 기술, 태도 등 인간이 지니고 있는 능력과 품성, 그리고 그러한 능력과 품성을 지닌 사람 자체를 의미한다. 따라서 인적 자원은 지역사회 안에서 서비스를 필요로 하는 대상자이자 이러한 서비스를 제공하는 서비스 공급자이기도 하다. 따라서 지역사회 내의 인적 자원을 파악하는 것은 지역사회 문제해결이나 복지 향상을 위해 활용될 수 있는 유용하고 가치 있는 자원을 파악하는 것과 동시에 향후 봉사 활동을 통한 개입이 요구되는 잠재적인 수요자를 파악하는 활동을 의미한다.

사회봉사와 관련하여 인적 자원의 특성은 다음과 같이 세 가지로 요약할 수 있다(최덕경 외, 2006).

첫째, 인적 자원이란 사회봉사 활동에 동원될 수 있는 사람을 의미한다. 둘째, 인적 자원은 잠재적인 사회봉사 서비스의 수요자이다. 셋째, 지역사회의 인적 자원에 대한 이해는 지역사회 내 의사결정 및 행동 유발을 위한 기제를 파악하는 데 유용한 정보를 제공한다. 대체로 지역사회를 구성하는 인적 자원은 크게 지도자 집단, 지식인 집단, 대규모 집단으로 구분하여 설명된다. 여기서 대규모 집단이 일반주민을 의미한다면, 지도자 집단은 지역사회의 대표로 인식되는 사람들로 지역사회 주민들에게 공식적 · 비공식적으로 영향력을 행사하는 사람들이다. 또한 지식인 집단은 특정 분야의 전문가 집단(교수, 변호사)이나 특정 신념을 가지고 대중에 영향력을 행사하는 종교지도자, 정치평론가, 그리고 그 밖에 특수 직종 종사자들(소방관, 경찰관 등)을 포함한다.

결국 자원 개발에 있어 인적 자원을 이해한다는 것은 사회봉사 활동의 대상이 되는 서비스의 표적 집단을 파악하고 이들의 욕구 충족 및 문제해결을 위해 활용될 수 있는 잠재적 활동가들을 동원하는 과정을 의미한다. 이때 지역사회에 영향력을 행사할 수 있는 공식적 · 비공식적 지도자를 파악하는 것은 지역사회 내에 지지적인 분위기를 조성하고 표적 집단에 대한 접근 가능성을 높임으로써 사회봉사 활동의 목적을 달성하는 데 기여한다.

(2) 물적 자원

물적 자원이란 인적 자원과 대비되는 개념으로 물건이나 서비스를 생산하기 위해 필요한 기계, 건물, 사회기반 시설(예 운송, 통신망, 수도, 전기) 등과 같이 인간이 만들어 낸 가시적 자원을 의미한다. 또한 토지, 강, 바다와 같은 생태학적 환경까지 포괄하는 광범위한 개념으로 사용되기도 한다. 대부분의 사회봉사 활동이 이러한 물적 자원의 토대 위에 이루어진다는 측면에서 지역사회 내의 물적 자원을 파악하고 적절히 활용하는 것은 매우 중요하다.

물적 자원의 조사 대상에는 지역의 기후, 토지 및 토양조건, 농공상업과 관련한 산업 자원, 천연 자원, 문화관광 자원은 물론 교통망, 통신망, 그리고 각종 시설과 설비 등 다양한 내용이 포함된다. 따라서 물적 자원에 대한 이해는 지역사회의 욕구와 사회봉사 활동을 위해 동원 가능한 자원을 파악하는 과정이라고 볼 수 있다. 예를 들어 의료 시설이 지역사회 내에 얼마나 존재하고 지리적으로 어떻게 분포되어 있는지 파악하는 것은 그 지역사회의 의료적 서비스에 대한 욕구의 정도를 평가하는 데 중요한 자료가 될 수 있다. 또한 지역사회 내 소외계층에게 의료적 서비스를 제공하고자 하는 경우 이러한 서비스를 제공하기 위해서는 서비스를 제공할 수 있는 의료 전문가라는 인적 자원 이외에도 각종 의료 도구 및 장비는 물론 서비스 제공을 위한 장소가 필요하다. 따라서 서비스의 잠재적 수혜자가 선정되고 서비스를 제공할 수 있는 인적 자원이 확보되었다 하더라도 물적 자원이 적절히 활용되지 않고서는 사회봉사 활동의 목적을 충분히 성취하기 어렵다.

(3) 재정 자원

재정 자원이란 기업이나 회사가 상품이나 서비스를 생산하기 위해 필요한 것들을 사기 위한 금전으로, 여기서는 사회복지서비스를 제공하기 위해 요구되는 재원을 의미한다. 간혹 이러한 재정 자원은 물적 자원에 포함되는 개념으로 이해되기도 한다. 사회복지서비스 제공을 위해 필요한 재정을 누구로부터 어떠한 방식을 통해 확보할 것인가에 대한 결정은 사회봉사 활동을 계획하는 데 있어서 주요한 과업이 된다.

민간 영역에서 사회복지 재원의 유형으로는 정부의 지원금과 다양한 형태의 기금, 기업의 협찬금, 일반 시민의 기부금, 서비스 이용료, 수익 사업 등을 들 수 있다. 정부에서 제공하는 사회복지의 재원은 주로 조세나 사회보험금을 통해 조달된다. 정부의 사회복지 재원 조달 방식의 경우 소득 재분배와 사회공동체 전체의 유익이라는 공익성을 위해 강제적인 수단이 활용된다. 따라서 재정의 안정성 면에서는 우세하다고 볼 수 있으나 복지 지출에 대한 반감이 클 수 있다. 그와 반대로 후원금, 기부금과 같은 민간 영역에서의 재원 조달 방식은 주로 개인이나 조직의 자발성에 의존한다. 따라서 복지 지출에 대한 반감이 상대적으로 낮고 지출에 있어서 빠르게 변화하는 지역사회의 욕구에 민감하게 대응할 수 있다는 장점이 있다. 그러나 재정의 안정성은 상대적으로 낮다.

(4) 비공식 자원과 공식 자원

자원은 그 공급 주체에 따라 공식적 자원과 비공식적 자원으로 분류할 수 있다. 복지 공급의 주체로서 비공식 부문의 대표적인 예로는 가족, 친구, 이웃 등을 들 수 있다. 이러한 비공식 부문은 자발적이고 상호부조적인 성격을 띠며, 일상생활에 필요한 도움을 신속하고 탄력적으로 제공할 수 있다는 장점을 지닌다. 반면에 공식 자원은 공식적인 기관을 통해 자원이 제공되는 경우로 중앙정부 및 지방자치단체에 의해 공식적인 절차를 거쳐 주어지는 도움이 가장 전형적인 공식 자원이라 볼 수 있다.

2) 자원 개발의 개념

사회봉사 활동을 활성화시키고, 이를 통해 효과적인 서비스를 제공하기 위해서는 지역사회의 새로운 자원을 개발할 필요가 있다. 자원 개발이란 지역사회의 공동체 의식을 토대로 사회 구성원들이 그 사회의 문제해결과 예방을 위해 자발적으로 자신들의 인적 · 물적 · 재정적 자원을 투자하도록 동기를 부여하고 적극적인 참여를 이끄는 과정이다.

여기에서 중요한 것은 자원 개발이 무조건적으로 자원을 끌어들이는 활동이 아니라 오히려 지역사회에 널려 있는 무수한 자원들을 지역주민의 삶 속에서 소통되게 하는 일이라는 사실이다. 이런 인식에 기초하게 되면 사회봉사는 일상적인 생활 속에서 누구나 할 수 있는 보편적인 활동이 될 수 있다.

예를 들면 봉사대상자들에게 좋은 공연을 보여주고 싶으면 사회복지 시설 안으로 가수나 극단을 초청하여 공연하기보다는 외부의 공연을 관람하기 위해 다양한 노력을 해 볼 수 있게 되는 것을 들 수 있다. 또한 사회복지 시설 안에 설비를 하고 봉사자를 끌어들여서 목욕, 이발 등을 하기보다는 지역사회 일반 주민들이 이용하는 목욕탕과 이·미용 업소를 활용하는 방안을 찾는 것도 말할 수 있다. 나아가 자체적으로 캠프를 하기보다는 이미 잘 준비된 기존의 캠프에 같이 갈 수 있도록 애쓴다든지, 등산도 최대한 지역사회의 산악회나 등산 동아리에 섞여 함께 갈 수 있도록 주선하는 것도 좋은 예가 된다. 더욱이 지역사회의 교회에 다닐 수 있게 하며 지역사회 복지관을 이용할 수 있도록 돕는 것, 시민회관이나 구민회관, 주민자치센터 등을 이용하게끔 하는 것도 예로 들 수 있을 것이다.

이렇게 자원 개발은 지역사회에서, 지역사회로써, 지역주민의 삶과 더불어 함께 다양한 자원들이 서로 소통하도록 풀어내는 것이다. 실제로 우리네 생활 전반에는 수많은 자원들이 보이지 않으면서도 세상에 두루 스며들어 면면히 흐르고 있다. 그래서 봉사자는 봉사대상자들이 일반사람들이 이용하는 것을 함께 이용하고 일반사람이 누리는 것을 함께 누리게끔 하면 된다. 다시 말해 봉사대상자의 삶이 일반사람들의 것과 같거나 비슷하게 되게끔 부족한 자원을 연결하고 소통되게 하는 것이 진정한 자원 개발의 목표가 되어야 하는 것이다.

3) 자원 개발의 기술

(1) 동기부여 기술

동기부여(motivation)는 개인의 행동을 방향 지우고 계속하도록 하거나 행동이 발생하여 계속해 가도록 작용하는 것이라 할 수 있다. 사람들은 누구나 기본적으로 동기부여의 욕구를 가지고 있다. 이를 구체적으로 살펴보면 능력 인정에 대한 욕구, 성취에 대한 욕구, 통제에 대한 욕구, 다양성에 대한 욕구, 성장에 대한 욕구, 소속과 권한에 대한 욕구, 흥미와 독특성에 대한 욕구들을 지니고 있다. 사회봉사는 이렇듯 사람들의 다양한 욕구들을 성취하고 성장할 수 있도록 돕는다.

특히 동기부여는 봉사자를 지속적으로 활동하게 하는 핵심요소이다. 사회봉사의 경험이 봉사자들의 특정한 혼합된 동기욕구를 확실하게 충족시켜 그들을 만족스럽게 하면 봉사자들은 계속 봉사하게 될 것이다. 동기부여를 통해 봉사자의 탈락을 막고, 탈락했다가도 다시 돌아오게 한다면 새로운 봉사자의 모집에 소요되는 시간을 절약할 수 있다. 모집이 봉사자가 충분하지 못한 문제에 대한 해결책이라면, 동기부여를 통해 봉사자를 떠나지 않게 하는 것은 그러한 문제를 막는 방법이라고 할 수 있다.

① 봉사자의 동기 찾기

봉사자가 지역사회를 위해 봉사 활동을 하기로 결심했다면 먼저, 어떤 종류의 사회봉사 활동이 자신에게 가장 만족을 주는지, 그리고 봉사 활동에 얼마나 많은 시간을 사용할 수 있는지를 확인하는 것이 필요하다. 또한 자신이 찾고 있는 사회봉사에 대해 보다 자세하게 알게 되면 자신이 기쁨을 느낄 수 있는 사회봉사 활동을 찾을 기회가 보다 많을 것이다. 이를 위해 구체적으로 다음과 같은 질문을 봉사자 자신에게 하도록 할 필요가 있다.

- 어떤 분야의 봉사 활동을 하기 원하는가?

• 관심 있는 이슈나 분야가 무엇인가?
• 무슨 봉사를 가장 먼저 하고자 하는가?
• 봉사 활동에서 가장 초점을 맞추려는 것은 무엇인가?

● 봉사 활동을 통해 무엇을 원하는가?
• 무엇을 변화시키면 좋겠는가?
• 어떤 기술이나 재능을 사용하고자 하는가?
• 전문적인 경험이나 접촉의 기회가 될 수 있는가?
• 자기인식, 자아발견을 통해 개인적인 성장을 하는 기회가 될 수 있는가?

② 처음 활동하는 봉사자를 위한 관심과 배려

● 봉사 활동을 통해 소속감과 자랑스러움을 느낄 수 있도록 조직과 활동 전반에 대한 정보를 제공한다.
● 봉사자의 재능과 관심, 기대를 파악하여 적절한 과업을 제공한다.
● 봉사자가 쉽게 달성할 수 있는 목표보다는 과업수행을 촉진시킬 수 있는 목표를 설정한다.
● 봉사자가 자신의 노력과 능력을 최대한 발휘할 수 있도록 활동 전반에 자율성을 부여한다.
● 봉사자 스스로가 책임 영역을 선택할 수 있는 기회를 제공하고 업무완수에 대해 스스로 책임질 수 있도록 당부한다.

③ 기존 봉사자를 위한 지원

- 특정 기간 동안 정해진 봉사 활동에 포기하지 않고 참여하도록 지속적인 지지와 관심을 표명한다.
- 시상, 감사편지, 공식행사 초대 등을 통해 그동안의 노고를 격려하고 치하한다.
- 회보나 홈페이지에 봉사자들의 활동을 게재하여 널리 알린다.
- 봉사 활동에 대한 피드백을 제공하고 면담을 통해 봉사자의 욕구와 기대를 재평가한다.

(2) 마케팅과 모금

자원 개발을 지역사회에 있는 다양한 자원을 소통되게 하는 것이라고 할 때, 자원을 개발하는 수많은 기술들 중에 가장 핵심적으로 말할 수 있는 방법은 역시 마케팅과 모금이라 할 수 있다. 전문가가 아닌 평범한 일반 봉사자도 충분히 할 수 있는 수준의 '마케팅과 모금' 방법을 설명하고자 한다.

① 마케팅

마케팅이란 개인이나 조직이 자신이 생산하는 물품이나 아이디어, 서비스에 대해 소비자가 관심을 가지도록 하는 과정을 의미한다. 비영리 조직에 의해 이루어지는 마케팅의 경우 일반 기업의 마케팅과 그 목적 면에서 구분된다. 즉, 기업의 마케팅 목적이 소비자의 소비를 촉진함으로써 이윤을 창출하는 것에 있다면, 비영리 조직의 마케팅은 사회 구성원들의 특정 행동을 유발하거나 방지함으로써 전체 사회의 유익을 추구하는 데 그 궁극적인 목적이 있다.

좀 더 구체적으로 사회봉사에 있어서 마케팅이란 봉사 서비스의 소비자인 봉사 대상자, 자원 공급자, 권위와 자격을 부여하는 기관, 일반대중이 비영리 조직이 제공하는 서비스에 더욱 관심을 가지도록 하기 위한 활동(Barker, 1995)으로 볼 수 있다. 사회봉사 활동을 관리 · 운영하는 비영리 기관들은 상담, 치료, 교육, 재활, 정보 제공 등의 무형의 서비스를 제공하고 이를 통해 바람직한 인간과 사회적 가치를 산출하고자 한다(황성철, 2005). 이때 표적시장이나 표적집단이 기관이 제공하는 서비스의 가치를 인정하게 되면 그에 따라 이용료, 재원, 권위 등을 제공하는 자발적인 교환 관계가 성립하게 된다(Kotler, 1982; 황성철, 2005 재인용).

사회봉사 현장에서 요구되는 다양한 자원들이 효과적으로 개발되기 위해서는 봉사라는 서비스의 숭고한 가치가 사회의 여러 구성원들에게 인식되어야 한다. 사회봉사 활동이 홍보나 계몽 등과 같은 방법을 통해 효과적으로 지역사회와 주민들에게 표현되거나 알려져야 한다.

결국 마케팅은 생각으로만 이루어지는 것이 아니라 마케팅 전략과 목표작성, 구체적인 계획을 통해 연결되어야 한다. 그리고 마케팅은 모금과 직결된다. 다시 말하면 모금을 위한 기초 작업은 마케팅 전략의 수립이다. 전략적 계획 없이 성공적인 모금 활동을 할 수는 없다. 전략 없이 사업을 진행하거나 모금 활동을 하는 것은 마치 지도 없이 여행을 떠나는 것과 같다. 지역사회 자원 개발의 효과를 높이기 위해서는 다음과 같은 전략적 계획이 필요하다(김익균 외, 2005).

첫째, 미션을 작성하는 것이다. 지역사회에서 사회봉사 조직의 기본적인 존재 목적과 미래의 방향을 제시해주는 작업으로 현재 하고 있는 일과 사업의 방향을 분명히 함으로써 조직의 궁극적인 목적과 사명을 구성원들이 명확하게 인식하도록 한다.

둘째, 사회봉사 조직의 목적과 목표를 작성하는 것이다. 이는 사회봉사 조직의 궁극적인 목적과 달성방법에 대해 기술하는 작업으로, 목적은 미션을 이룩하기 위한 궁극적 방향을 제시해주며, 목표는 목적 달성을 위한 구체적인 실행계획과 방향을 설정하여 목표 달성 양(量), 시간, 방법 등을 지표를 통해 구체적으로 명시해 준다.

셋째, 마케팅 조사를 할 필요가 있다. 가령 지역사회에서 봉사 활동의 후원자가 누구인지, 그들의 욕구는 무엇인지를 찾아내는 작업을 들 수 있다. 곧, 누가 어떤 상품이나 프로그램에 관심과 욕구가 있는지, 언제, 어디에서 서비스나 상품을 원하는지, 그리고 후원금을 받을 것인지를 분석하는 작업이다.

넷째, 외부환경을 조사하고, 자원을 분석해야 한다. 목표 달성을 위해 봉사 조직의 강점(예 좋은 이미지, 네트워크 능력 등)과 약점(예 의사결정 과정, 내부의 자원 부족 등)이 무엇인지, 기회(예 지역 욕구에 대한 지역사회의 인식, 지역의 좋은 자원, 새로운 조직과 내부 자원 등)와 위협(예 경쟁관계 등) 등은 무엇이 있는지 하나씩 점검해 보는 작업이다.

다섯째, 분명한 마케팅의 목표를 설정해야 한다. 마케팅의 목표는 봉사 조직의 목적 달성을 위한 목표이며, 이는 다시 모금 목표로 세분화될 수 있다. 봉사 조직의 목표는 미션, 목적, 목표, 프로그램, 실행계획 등과 같이 구분되어 체계적으로 세워져야 하며 동시에 총무, 사업, 모금 등 각각의 목표는 유기적인 관계를 가지고 세워져야 한다. 목표는 구체적이어야 하며 성과 중심적 결과를 측정할 수 있는 지표가 반드시 있어야 한다.

여섯째, 전략적 마케팅 계획을 수립해야 한다. 사회봉사 조직의 마케팅 계획은 자원과 시장 개발의 기회를 가지고 목표 달성 계획을 수립하는 일이다. 마케팅 계획은 다음과 같은 점을 염두에 두고 세워야 한다.

- 마케팅 전략이 봉사 조직의 전체 목적에 기여하고 있는가?
- 보다 큰 조직의 목적 달성의 관점에서 외부의 위협과 시장의 기회를 정확하게 분석하고 반영하고 있는가?
- 외부 환경의 위협 요소에 대처하기 위한 현재와 잠재적인 조직의 자원과 기술에 대하여 평가하고 있는가?
- 구체적인 목표를 달성하기 위한 마케팅 전략이 세워졌는가?
- 전략 수행을 확실히 하기 위한 마케팅 기능에 필요한 조직의 시스템을 세웠는가?
- 목표 달성과 중간 진행을 확인하기 위한 점검표가 작성되었는가?

일곱째, 실행계획을 수립해야 한다. 모든 목표 계획이 세워지면 이를 수행하기 위한 구체적인 실행계획을 세워야 한다. 조직, 예산, 일시, 장소, 프로그램, 방법 등에 대한 자세한 기술과 마케팅 믹스(marketing mix)의 요소, 예산 등이 세워져야 하며 이 모든 내용과 진행 과정을 점검할 수 있는 진행 과정표를 작성해야 한다.

여덟째, 평가 작업을 해야 한다. 최종적으로 마케팅 목표 달성을 위한 과정과 결과에 대한 평가를 실시해야 한다. 평가는 과정 평가를 통해 중간 진행 과정을 점검하여 목표 달성을 위한 새로운 실행계획을 수립해야 하며, 최종 평가를 실시해 다음의 마케팅 전략을 위한 작업에 반영하도록 한다.

② 모금

사회봉사 조직에서 마케팅과 연결되어 있으면서 동시에 중요한 자원 개발 기술이 바로 모금이다. 즉, 후원자 또는 기부자가 구매하고자 하는 욕구가 생길 수 있는 후원 상품을 개발하거나 실질적인 후원을 확보하는 기술이 모금이다. 또한 모금은 잠재적 후원자들이 이미 개발되어 있는 후원 프로그램에 쉽게 접근할 수 있도록 사회봉사 조직들로 하여금 구체적인 촉진(promotion) 전략을 세우게끔 하는 효과도 얻게 한다. 구체적인 촉진 방식으로는 우편물 발송이나 인터넷을 이용한 홍보, 이벤트나 특별 행사, 대중 매체 광고 등을 활용할 수 있다. 사회봉사 조직이나 봉사 활동을 운영하는 비영리 단체 등은 후원 사업의 내용과 기대 효과에 대한 구체적인 진술을 통해 잠재적 후원자(기부자)들이 지속적으로 돕고자 하는 마음이 생길 수 있도록 촉진을 계획, 실행해야 한다.

③ 마케팅과 모금을 위한 주요한 세부 기술

효과적인 마케팅과 모금을 위한 주요한 세부 방법 내지 기술은 다음과 같다.

첫째, 우편물(DM) 발송이다. 기부나 후원을 요청하는 편지를 잠재적 기부자나 후원자들에게 보내는 방식이다. 우편물은 겉봉투와, 호소서신, 첨부물, 반송엽서나 봉투로 구성된다. 이때 겉봉투는 받는 사람이 흥미를 가질 수 있도록 제작되어야 하며, 호소서신에 있어서는 모금 또는 후원자 개발의 목적과 내용이 이해하기 쉽도록 구체적이고 명확하게 제시되어야 한다. 또한 잠재적 기부자 및 후원자들이 돕고 싶은 마음이 일어날 수 있도록 호소력 있는 내용으로 작성되는 것이 바람직하다.

둘째, 자동응답 시스템(ARS)이다. 기부나 후원을 요청하는 방식으로 텔레마케팅이 활용될 수 있다. 텔레마케팅 방식 중 ARS는 적은 금액으로 부담 없이 후원에 참여할 수 있다는 장점이 있어 최근 모금 방식으로 많이 사용되고 있다. 이 시스템을 통해 전화를 걸면 통화당 일정 금액이 자동으로 전화 요금에 가산되고 이 금액은 해당 단체나 기관에 기부금으로 제공된다.

셋째, 인터넷과 사회 연결망 서비스(Social Network Service)를 활용하는 것이다. 인터넷 모금의 경우 ARS와 함께 모금 및 후원자 개발을 위한 효율적인 방법으로 그 활용도가 급속도로 증가하고 있다. 기관의 홈페이지를 통하거나 통신회사의 온라인 서비스를 이용하여 모금이나 후원 활동에 참여할 수 있다. 트위터와 페이스북과 같은 사회 연결망 서비스를 활용한 모금 방법도 활발하게 개발되고 점차 확산되고 있다. 지금까지는 사회 연결망 서비스에서 서비스를 인터넷 서비스의 도구로 국한하여 사용하는 경향이 크지만 조만간 '가치를 만드는 모든 활동'을 지칭하는 포괄적인 서비스의 개념으로 확장될 것으로 전망된다. 자원 개발 기술들 중에서 향후 사회적 관계망을 자원으로 활용하려는 경향이 더욱 심화될 것으로 볼 때, 사회 연결망 서비스를 통한 접근은 한층 더 강조될 것이다.

넷째, 이벤트이다. 이벤트는 특정 시간과 장소에서 특정 사업에 필요한 모금이나 후원자 개발을 위해 계획된 특별 행사를 실시하는 것이다. 구체적 예로는 자선음악회, 모금만찬회, 자선바자회, 전시회, 일일호프, 일일찻집 등을 들 수 있다. 이벤트의 장점은 사회문제에 대한 대중의 관심을 높이고 후원에 대한 공감대를 형성하는 데 기여할 수 있으며, 봉사 활동에 참여하는 봉사자들의 적극적인 역할을 통해 리더십 개발과 훈련의 기회를 제공한다. 또한 잠재적 후원자들을 개발하고 기부자와의 관계형성 등에도 크게 기여할 수 있다. 그러나 이러한 이벤트를 계획하고 실행하는 데 많은 시간과 비용, 에너지가 요구되는 만큼 그 효율성이 낮을 수 있다.

다섯째, 대중 매체 광고이다. 주로 영리를 목적으로 하는 기업에서 활용하는 방법으로 TV, 라디오, 신문, 잡지 등의 미디어 매체를 활용하여 상품을 홍보하는 방법이다. 효과적인 방법이지만 비용이 많이 든다는 점에서 재정이 풍부하지 않은 비영리 조직에서 활용하기에는 어려움이 있다. 따라서 큰 비용의 지출 없이 대중 매체를 활용하는 방법으로 언론 홍보(publicity)의 활용을 생각해 볼 수 있다. 언론 홍보(publicity)란 대중 매체인 신문 · 잡지 · 방송 등이 주체가 되어 비영리 조직의 상품 · 서비스 · 아이디어를 취재하여 발표하도록 하는 것이다. 봉사자들 가운데 언론 홍보 분야에 종사하는 전문가들이나 유명 연예인들이 있다면 그들을 적극적으로 활용하는 것도 좋은 전략 중 하나라고 본다.

2. 조직화 기술

사회봉사 활동을 통해 지역사회의 문제를 해결하고 복지를 증진시키기 위해서는 지역사회 내외의 활용 가능한 자원을 동원할 수 있어야 한다. 또한 동원된 자원들이 체계적으로 연결되어 긴밀한 협력 관계를 맺을 때 낭비를 막고 효과적으로 활용할 수 있다. 여기에서 조직화 기술은 성공적인 사회봉사 활동을 위해서 매우 중요하게 대두된다.

조직화 기술이란 주로 지역사회를 조직화하는 것으로 말할 수 있는데, 지역사회 조직화는 두 범주로 구분될 수 있다. 지역주민, 즉 비공식적 영역(informal sector)을 대상으로 하는 주민조직화와 정부기관, 지역사회 내의 복지 관련 기관과 단체,

조직 등 공식적 영역(formal sector)을 연계하는 네트워킹을 들 수 있다.

사회봉사 활동에 참여하는 봉사자들 중에는 지역사회의 중추적인 인사들이 많다. 그들로 하여금 선한 봉사를 활성화 해 나가는 주민조직화와 네트워킹 등을 감당하도록 하는 것은 매우 중요한 일이다.

1) 주민조직화

주민조직화는 민주적이고 자발적인 참여를 유도하고 서로 돕는 지역사회를 구성하는 것이다. 지역주민들이 공동체 의식을 가지고 협력을 통해 문제를 해결하고 지역사회를 발전시키는 과정 중심적인 접근이라고 볼 수 있다. 지역주민들이 스스로 지도력을 가지고 공동체의 문제를 해결하고 지역사회를 발전시킬 수 있도록 하는 임파워먼트(empowerment)가 강조된다.

루빈 등(Rubin et al., 1986)은 주민조직화의 목적을 다음과 같이 설명하고 있다(김영호 외, 2009).

첫째, 주민조직화는 개인적 잠재능력을 증진시키고 이러한 잠재력을 실현시킬 수 있도록 돕는다. 예를 들어 주민 개개인의 일상생활을 개선시키고 스스로 성취감을 느낄 수 있도록 함으로써 주민 개개인의 잠재력을 증진시킬 수 있다.

둘째, 주민조직화는 지역사회 공동체의 문제를 해결하여 주민들의 삶의 질을 향상시키는 데 그 목적이 있다. 지역공동체는 개인으로서 활동할 때보다 조직화를 통해 더 다양하고 유용한 정보를 보유할 수 있고 더 강력한 영향력을 행사할 수 있게 된다.

셋째, 주민조직화에 있어 중요한 조건인 민주적 참여와 의사결정은 사회 전반에서 민주적 가치를 높이고 이를 실천하는 데 기여한다.

넷째, 주민조직화는 보다 형평성 있는 자원의 배분을 통해 사회 내부와 권력의 재분배에 기여한다.

주민조직화의 구체적인 전략으로는 다음과 같다.

첫째, 주민참여 활성화이다. 주민의 자발적 참여는 주민조직화의 기초가 된다. 즉, 어떻게 주민들이 공동체의 문제해결과 발전을 위해 자발적으로 참여하도록 유도할 것인지가 주민조직화 전략의 핵심적 요소라고 볼 수 있다. 지역주민들을 동원하기 위한 전략으로는 이미 존재하는 지역사회의 구조를 활용하고 강화하는 방법과 지역주민들을 개별적으로 설득하는 방법이 있다. 주민들의 의사 결정과 행동을 유발하는 지역사회의 기제를 파악하고 이를 활용함으로써 지역주민들을 동원할 수 있다. 또한 지역주민 개개인과의 개별적 접촉을 통해 조직의 필요성 및 목적, 그리고 활동에 대한 동의를 얻고 적극적인 관심과 참여를 유발할 수 있다.

둘째, 지역사회 지도자 발굴과 양성이다. 사회봉사를 통한 지역사회 변화전략의 특징은 주민이 변화의 주체가 된다는 것이다. 지역사회의 자생 능력을 개발하고 향상시키기 위해서는 외부의 지도자보다는 지역주민이 주체가 되어 민주적 과정을 통해 조직의 목적과 수단을 결정하는 것이 바람직하다. 이처럼 지역주민이 주체가 되는 변화를 유도하기 위해서는 선구적으로 지역사회 문제와 주민의 욕구를 잘 이해하고 이를 해결하는 데 헌신적이며 변화의 도입 과정에서 나타나는 저항과 혼란을 극복하면서 그 변화를 계획하고 실행해 나갈 수 있는 지역사회 내부의 지도자가 필요하다. 따라서 지역사회 내의 지도자 발굴과 양성은 주민조직화를 위해 필수적인 과업이라고 볼 수 있다. 이미 지역사회 주민들에게 대표로서 인식되고 이들의 행동에 영향력을 발휘하는 공식적 또는 비공식적 지도자를 활용하는 방법이나 지역사회 내의 잠재적 지도자들을 발굴하여 훈련하는 방법 등이 고려될 수 있다.

2) 네트워킹

지역사회의 물적 · 인적 · 재정적 자원과 제도 및 조직들은 지역사회의 문제해결과 주민들의 삶의 질 향상을 위해 동원, 활용, 조정할 수 있도록 조직될 필요가 있다. 네트워킹이란 지역사회 내 복지 관련 주체들이 협력체계를 구축하는 것으로 네트워킹을 통해 주민들의 욕구 충족을 위한 지역사회 내의 자원을 보다 효과적으로 동원하고 효율적으로 활용할 수 있다. 특히, 여기서 네트워킹이란 비공식적 영역에서의 주민 간 협력을 강조한 주민조직화과 구별하여 공식적 영역에서의 사회봉사 관련 기관이나 조직들 간의 협력체계에 초점을 맞춘다.

이런 측면에서 네트워킹은 사회봉사 조직들 간의 연대를 강화하는 활동이라고도 볼 수 있다. 즉, 네트워킹이란 조직 간의 상호 조정과 협력을 증진시키는 활동으로 이를 통해 지역사회 문제해결 및 주민들의 삶의 질을 향상시키기 위한 가용 자원을 증대시키고 그 활용에 있어서 효율성을 높인다.

한 조직이 동원할 수 있는 자원은 한정되어 있다. 그리고 이러한 한정된 자원만으로는 사회봉사 조직의 목적을 달성하기에 어려움이 있다. 따라서 사회봉사 조직은 조직을 운영하고 서비스를 전달하기 위해 필요한 자원과 지지를 얻을 수 있도록 지역사회 내의 여러 조직들과 관계를 형성해야 한다.

사회봉사 조직이 활용하게 되는 네트워크 구축의 전략은 봉사대상자의 문제를 해결하기 위해 공동으로 대응하는 과업 중심의 연대 활동과 실무자 간의 교류를 통한 연대 활동으로 나누어 생각해 볼 수 있다(조휘일 외, 2009).

첫째, 과업 중심의 네트워킹이다. 가령 문제 중심의 연대 활동은 지역사회의 서비스대상자들이 가지고 있는 문제해결이나 욕구 충족을 위해 지역사회 내 다양한 기관이나 단체와 협력관계를 구축하는 것이다. 서비스대상자들 대부분이 복합적인 문제 또는 다양한 욕구를 가지고 있기에 이를 한 조직의 제한된 인적 · 물적 자원만으로 충족시키기에는 어려움이 있다. 따라서 조직은 특정 과업의 성취를 위해 이와 관련된 다양한 조직이나 기관과 협력하게 된다. 즉, 특정 과업 성취를 위해 지역사회의 인적 · 물적 자원을 동원하는 과정이나 서비스를 제공하는 과정에서 다른 조직과의 역할 분담이 이루어질 수 있다. 예를 들어 프로그램 제공에 있어서 한 조직이 필요한 인력을 제공한다면 다른 조직은 물적(재정적) 자원의 동원을 담당하도록 할 수 있다. 또 다른 예로 한 조직이 프로그램의 기획과 실행, 평가를 총괄하는 주도적 역할을 하고, 다른 조직이 특정 영역에 대해 자문을 제공하거나 전문 인력을 보조하는 보조적 역할을 수행할 수도 있다.

둘째, 실무자 간의 네트워킹이다. 사회봉사 조직들의 실무자들이 모여 정기적으로 정보를 교류하는 방법이다. 과업 중심의 네트워킹이 일정 과업의 성취 이후 소멸되는 경향이 있다면, 실무자 간의 사회적 관계망은 보다 지속적이며 과정 지향적인 성격을 갖는다. 이러한 실무자 간의 네트워킹을 통해 다양한 정보 공유가 원활하게 이루어짐으로써 조직 간의 협력을 강화하고, 서비스의 불필요한 중복으로 인한 조직 간의 갈등이나 자원 낭비를 효과적으로 예방할 수 있다.

3. 인간관계 기술

인간이 관계적 존재라는 진리는 사람의 흔적이 있는 곳이라면 어디에서나 확인할 수 있는 시공간을 초월한 사실이다. 로빈슨 크루소 이야기나 '인간은 사회적 동물' 이란 서양의 사회학적 관점을 굳이 언급하지 않는다고 해도 우리가 사용하는 '인간(人間)' 이란 단어 자체가 '사람 인(人)' 과 '사이 간(間)' 으로 구성되어 인간은 "인간과 인간 사이에서 의미와 존재 가치를 느끼는 관계적 존재" 임을 스스로 정의하고 있다. 관계적 존재로서의 인간관은 인간을 인간답게 만드는 것, 삶의 의미와 가치를 느끼게 해주는 것, 인간에게 힘과 소망을 주는 것, 인간에게 참된 행복과 만족을 가져다주는 것, 인생 자체 등이 무엇인지에 대한 방향성과 답을 제시해 줄 수 있다. 뿐만 아니라 어떤 문제에 봉착해 해결책의 실마리를 찾지 못하고, 마치 공전하듯 문제에 갇혀 좌절과 신음 가운데 살아가는 사람들에게 문제를 풀어 갈 수 있는 빛과 열쇠를 제공해 줄 수 있다(이준우 · 임원선 · 이화옥, 2006).

이렇게 인간은 관계적 존재이기 때문에 인간은 좋은 만남을 통해 생명력을 느끼고 세상을 직면할 힘과 용기를 갖는다. 다시 말해 관계적 존재인 인간에게 가장 필요한 것은 풍성한 사랑이 있는 좋은 만남이다. 좋은 만남은 생명력을 느끼게 한다. 사회봉사는 이와 같은 인간관계를 효과적으로 활용하면서 봉사대상자의 필요를 채우는 데 큰 힘이 되는 활동이다.

따라서 사회봉사의 성패는 봉사자와 봉사대상자 간에 좋은 관계를 형성하는 것에 따라 크게 좌우될 수 있다고 본다. 어쩌면 우리의 봉사대상자는 좋은 관계에 목말라 있을 수 있다. 우리는 관계적 존재이기 때문에 관계의 불안과 상실감은 깊은 고통과 두려움을 낳는다. 관계적 존재인 인간에게 관계의 단절은 곧 죽음 자체인 견딜 수 없는 고통이다. 이 땅 위에 있는 모든 의미 있는 관계로부터의 철저한 단절, 가는 사람도 홀로 가는 것이고 보내는 사람도 홀로 보낸다는 사실, 함께 갈 수 없다는 사실이 우리에게 견딜 수 없는 고통인 것을 본다. 현재 우리가 경험하고 있는 많은 아픔과 고통은 표면적으로는 그렇게 보이지 않으나 깊은 통찰력으로 살펴본다면 대부분 관계의 어려움에서 오는 고통일 것이다. 우리는 그것들을 학업 문제, 결혼 문제, 직장 문제, 부부 문제, 정서적 문제 등으로 부르기도 하지만 본질적인 문제는 관계 문제이다.

이토록 중요한 관계를 회복시키기 위해서 사회봉사에서는 봉사자와 봉사대상자 간의 만남을 통해 효과적인 봉사 활동을 수행하게 된다. 따라서 사회봉사에서 인간관계 기술은 매우 중요하다. 그렇다면 사회봉사 현장에서 활용할 수 있는 기본적인 인간관계 기술에는 어떠한 것이 있는가? 몇 가지 기본 기술을 설명하면 다음과 같다.

1) 관찰 기술

봉사대상자가 말하고 행동하는 것에 주의를 기울여 그를 이해하는 것으로서 관찰은 사회봉사의 전 과정 동안 사용하는 기술이다. 특히 비언어적 표현(봉사대상자의 표정, 손놀림, 눈맞춤, 얼굴 붉힘, 억양 등)은 봉사자가 봉사대상자의 감정과 표현의 차이를 분명히 하고 봉사대상자를 이해하는 데 매우 중요하다.

2) 경청 기술

사회봉사 현장에서 봉사대상자를 만날 때 가장 중요한 기술은 봉사대상자가 무엇을 말하는지, 봉사자의 질문에 어떻게 반응하는지를 듣는 것이다. 이를 위해서 봉사대상자의 언어의 일부 또는 전부를 되묻는 '반어법', 이야기하고 싶어 하는 것을 명확한 언어로 되묻는 '명확화 기법' 등을 사용하는 것도 효과적이다. 이렇게 봉사자의 경청은 적극적 경청이어야 하는데 이것은 봉사대상자의 어려움에 공감하고 필요한 반응을 하면서 듣는 것으로, 경청만으로도 봉사대상자는 감정의 정화와 마음의 안정을 경험할 수 있다.

3) 질문 기술

봉사대상자로부터 정보를 이끌어내기 위해 가장 많이 사용하는 기술로 봉사대상자에 대한 이해와 문제해결에 필요한 정보를 효과적으로 얻을 수 있다. 그러나 잘못된 질문은 봉사대상자의 잘못을 추궁하거나 대화의 흐름을 막는 역효과를 초래할 수 있다. 또한 대화 도중 핵심 주제로 급히 전환할 경우 봉사대상자는 봉사자가 자신을 전혀 이해하지 못하고 있다는 생각을 가질 수 있어 관계형성에 방해요소로 작용한다. 한편 봉사대상자의 봉사자에 대한 사적 질문에 대해 봉사자는 사적 질문의 진정한 의미를 이해하고 이에 적절히 대응해야 한다.

4) 초점 · 안내 · 해석 기술

초점 · 안내 · 해석 기술은 봉사대상자가 말한 것을 간단히 재진술, 요약하거나 봉사대상자가 깨닫지 못한 것을 확인해주는 만남 기술이다. 해석 기술은 봉사대상자의 표현과 행동상황 저변의 단서를 발견하고 그 결정적 요인들을 이해하여 봉사대상자가 깨닫도록 도와주는 방법이다. 그러나 특정상황에 대한 해석이 다양할 수 있고, 노련하지 않을 경우 역효과가 발생할 수 있으므로 조심스럽게 사용하여야 한다.

5) 분위기 조성 기술

서로에 대한 이해와 개방성을 촉진시킬 수 있는 방향으로 분위기가 형성되어야 한다. 분위기 형성의 중요한 요건은 공감, 진심, 온화함이다. 만남의 분위기를 조성할 때에는 자연스럽게 자신의 관심사에 대해 이야기할 수 있도록 가벼운 일상 대화로부터 시작하여 봉사대상자의 관심사와 문제에 초점을 맞추어 진행하는 것이 바람직하다. 만남 진행 시간을 미리 알려 봉사대상자도 이에 대해 준비를 하고 만남에 임하게 하고, 시간을 효과적으로 사용할 수 있게 해 줄 필요가 있다.

이외의 봉사대상자를 만나는 기술로 관심집중, 요약, 감정이입 등이 있다. 관심집중은 봉사대상자에게 계속 관심을 유지하는 것을 말한다. 그렇게 하려면 봉사대상자의 언어적 · 비언어적 메시지를 주의 깊게 듣고 알아차리는 능력이 필요하다. 즉, '봉사대상자를 향해 앉기', '개방적이고 공손하게 몸자세 취하기', '봉사대상자를 향해 몸을 약간 기울이기', '봉사대상자 눈을 직시하기' 등의 기술이 있다. 요약은 만남 시작 단계에서 이전 만남 내용 중에서 중요한 부분을 다시 언급할 때, 만남을 진행하고 마지막 부분에, 봉사대상자가 한 얘기가 두서없을 때 봉사자의 언어로 그 내용을 정리해 주는 것을 말한다. 주로 봉사대상자의 감정이 아니라 그가 이야기한 내용을 요약한다. 감정이입은 봉사대상자의 감정과 경험에 동참할 수 있는 능력을 말한다. 이 과정에서 봉사자는 자신의 관점과 객관성을 잃지 않으면서 봉사대상자의 감정을 깊이 느낄 수 있어야 한다. 그러나 이것은 분리된 기술로 이해해서는 안 되고 모든 만남 기술에 녹아 있어야 한다.

4. 여가 활동과 사회체육을 활용한 기술

현대사회에 있어서 삶의 질은 노동보다는 여가에서부터 비롯되기 때문에 여가 활동은 매우 중요하다. 그리고 여가 활동들 가운데서 스포츠는 생활만족을 높이는 가장 효과적인 활동이라고 할 수 있다.[1)]

이렇게 삶의 질과 관련된 스포츠의 특성을 구체적으로 살펴보면 다음과 같다.

첫째, 스포츠는 신체 활동을 매개로 하여 심리사회적 · 정신적 · 신체적 기능을 향상시키는 특성을 갖고 있다. 즉, 스포츠는 신체적 기능만이 아니라 인간의 다양한 측면을 긍정적으로 강화시키고 성숙시킨다.

둘째, 스포츠는 내재적 동기에 의한 자발적 참여에 의해 수행되는 활동임과 동시에 높은 수준의 인지적 자유도가 있다. 스포츠 활동은 스스로 원해서 하게 되며 활동의 유형도 자유롭게 선택해서 할 수 있는 것이다.

셋째, 스포츠는 다양한 상황에서 창의적인 능력을 발휘하는 데에 큰 도움을 준다. 스포츠는 그 활동 행태가 다양하고 스포츠 활동 자체가 강력한 상호작용을 담보하고 있어서 창의적인 협력관계와 교류를 하게끔 돕기 때문이다.

넷째, 스포츠는 결과의 불확실성, 인간한계에의 극복 의지 경험 등과 같은 감동적인 상황을 만드는 특성이 있다.

이상과 같은 스포츠의 특성은 사회봉사 활동에서 나타나는 특성과 매우 유사하다고 볼 수 있다. 그러므로 여가 및 스포츠 활동은 사회봉사 현장에서도 유용하게 활용할 수 있는 봉사 방법이자 기술이 될 수 있다. 하지만 여가와 스포츠는 상당히 광범위해서 막상 사회봉사 현장에서 활용하려고 할 때에는 생각보다 어려울 수 있다. 이에 여가의 개념을 여가요소별로 정리해서 여가 활동을 사회봉사 기술로 적

1) 삶의 질을 결정하는 조건에는 생존과 생계 해결을 위한 경제적 조건, 이상국가의 실현을 탐색하려는 사회적 조건, 그리고 개인의 가치관에 따른 행복감(수동적 존재가 아닌 능동적 · 창조적 존재)에 의한 주관적 판단 등을 들 수 있다. 한편 삶의 질에 대한 해석은 행복이나 생활만족 혹은 심리적 복지 등의 개념으로 이해되어지나 최근 사회행동과학의 측면에서 생활만족의 개념으로 이해되고 있다. 생활만족이란 행복의 내적 주관적 판단에서 비롯된 생활에서의 만족 정도를 의미하며, 이에 영향을 미치는 구성 요인으로는 인구통계학적 변인(성, 연령, 직업, 수입, 학력, 결혼, 가정생활), 성격 변인(자아에 대한 만족 정도), 생물학적 변인(주관적 건강 정도), 행동적 변인(사회적 접촉, 생활사건, 활동) 등이 있다. 생활만족에 있어서 생활 영역은 노동, 여가, 가정생활 등으로 구분된다. 얀켈로비치(Yankelovich, 1978)에 의하면 생활에서의 상대적 가치 부여도에 있어서 여가는 13%에서 27%로, 노동은 33%에서 17%로 그리고 가정생활은 45%에서 41%로 변화하였다. 또한 캠벨(Campbell, 1978)은 생활에서의 심리적 복지지표를 조사한 결과 노동은 18%를 차지한 반면 여가는 29%를 차지하고 있다고 지적하였다. 즉, 현대사회에 이를수록 인간은 생활에서의 만족 정도를 노동이나 가정생활보다는 여가를 통하여 인식한다고 하겠다. 이는 여가를 통하여 주관적 판단에 의한 자발적 생활참여를 추구할 뿐만 아니라 내재적으로 동기화된 활동을 함으로써 삶의 질적 향상을 꾀함을 시사하는 것이다.

용할 수 있는 기초적인 지식을 형성할 필요가 있다고 본다. 동시에 다양한 스포츠 활동 중 전 국민을 대상으로 보편적으로 활용할 수 있는 사회체육을 선정하여 살펴보는 것도 매우 효과적인 전략이라고 판단된다.

1) 여가의 개념

여가의 개념에 대한 정의는 오래전부터 전개되어 왔다. 일반적으로 여가는 노동 이외의 남은 시간에 즐기는 문화적 활동으로 인식되어 왔으나 최근에 와서는 본인이 자발적으로 즐기는 모든 활동으로 정리되면서 시간적 요소, 활동적 요소, 상태적 요소, 제도적 요소 등으로 보다 구체적인 개념으로 정의되고 있다.

| 표 3-1 | 여가의 여러 요소들

시간적 요소	활동적 요소	상태적 요소	제도적 요소
잔여 시간	휴식	자유정신	사회적 특징
잉여 시간	기분 전환	마음의 태도	타인에의 기여
자유재량적 시간	자기 계발	영혼의 상태	노동 관련성

또한 여가의 기본적 특성은 크게 해방성(freedom), 자유선택성(free-choice), 자기표현성(self-expression), 가치창조성(creation of values), 노동관련성(work-relation) 등이 있다. 실제로 여가를 통해 해방감을 맛보게 되며 스스로 자유롭게 선택한 여가 활동은 생활의 커다란 활력이 된다. 나아가 여가를 통해 개인의 성향과 환경, 문화, 생활양식, 기호 등을 마음껏 표현하고, 표현된 여가양식의 가치를

의미 있게 창출하게 된다. 또한 풍성한 여가체험은 역동적인 노동을 가능케 하는 원동력이 된다. 그리고 여가의 긍정적 기능에는 신체적 기능과 심리적 기능, 교육적 기능, 사회적 기능, 문화적 기능, 자기실현적 기능 등이 있는 반면, 여가의 부정적 기능에는 획일화, 모방화, 위장화, 무감각화, 향락화 등이 있다.

2) 사회체육의 개념

체육은 개인의 인격형성과 아울러 보다 나은 삶을 영위할 수 있는 근원적 잠재력을 배양한다. 그리고 정치, 경제, 사회, 교육, 문화 등 여러 사회 제도와 결합하여 국가발전을 촉진시키는 긍정적 · 능동적 역할을 수행한다는 점에서 서구 선진국에서는 이미 오래전부터 사회체육을 국가의 주요 복지정책의 일환으로 추진해 오고 있다. 각국은 나름대로의 환경과 사회여건에 따라 사회 정책적 차원에서 사회체육의 목표를 설정하고 있으며, 체육 및 스포츠에 관한 법규나 제도, 체육행정 및 재정을 통하여 사회체육을 진흥하고자 하는 것이 일반적인 추세이다.

사회체육은 개인이 전 생애를 통하여 능동적으로 지속적인 체육 활동 참여의 기회를 향유함으로써 신체적 · 정서적 · 사회적으로 조화로운 발달을 꾀하고, 급격한 현대사회의 변동에 슬기롭게 대처하며 창조적으로 개척해 나갈 수 있는 기능과 성향을 학습할 뿐만 아니라 다른 사람과 더불어 공동체의 복지를 증진시켜 나가는 복지사회의 체육을 의미한다. 이 같은 사회체육의 특징을 살펴보면 다음과 같다.

첫째, 사회 구성원의 건강 및 후생복지 향상을 목적으로 체육, 스포츠, 레크리에이션 등을 통하여 주로 일반대중을 대상으로 이루어지는 체육 활동이다.

둘째, 창조적인 여가 선용방법으로서 널리 활용되는 체육 활동이다. 스포츠 활동을 통한 창조적인 여가 활동이 궁극적으로 명랑한 사회를 건설하고 건강한 국민을 만들어 국력을 신장하기 때문이다.

셋째, 단순한 여가선용이라기보다는 적극적 의미에 있어서 범국민적 · 범사회적 운동으로서 각종 스포츠를 사회에 널리 보급한다.

넷째, 사회체육은 창조적인 여가 활동으로서 그 자체가 즐거움으로 행하여지고 건강하고 행복한 삶을 영위하는 복지사회 건설의 바탕을 이루는 사회 교육적 활동이다.

3) 현대사회와 사회체육

현대사회를 일컬어 자동화시대, 정보화시대, 여가시대 등으로 다양하게 표현하고 있으며 특히 과학 기술의 발달에 의하여 급격히 변화하는 사회라는 점에 대해 모두들 의견을 같이 하고 있다. 현대 과학 기술의 발달은 급속한 사회변동을 가져왔다. 무엇보다 산업화의 진전은 기계화 · 자동화와 함께 노동구조의 변화를 불러왔으며 이로 인해 인간의 육체적 활동이 감소되고 여가 시간은 증가하게 되었다. 따라서 운동이나 스포츠에 대한 인간의 활동욕구를 증대시켜 체육이 현대인의 삶과 밀접한 관계를 맺기에 이르렀다. 이처럼 사회체육을 현대인의 중요한 생활 영역의 일부분으로 정착케 하는 사회적 환경과 여건으로는 경제발전에 따른 생활의 질적 향상, 사회발전에 따른 생활기회의 확대, 그리고 복지증진에 따른 생활조건의 개선 등을 들 수 있다.

4) 사회체육의 교육적 기능

먼저 사회체육의 교육적 순기능에 대하여 알아보면 다음과 같다.

첫째, 사회체육은 학생과 일반인의 잠재력을 계발시키는 데 중점을 두고 있다. 이러한 의미에서 사회체육은 교육의 중요한 수단이 되어 학생이나 일반인을 신체적 · 정신적으로 건강하게 성장시키는 역할을 담당할 뿐만 아니라 협동능력과 단결심을 촉진함으로써 동료 간의 유대를 강화시키는 기능을 수행하고 있다.

둘째, 사회체육은 목표에 대한 도전, 스포츠맨십, 팀워크 등과 같은 긍정적 가치를 경쟁을 통하여 학생이나 일반인들에게 학습시킨다. 이러한 사회체육 활동을 통한 경쟁은 개인을 도덕적으로 성숙시켜 사회적으로 유용한 사람을 만들 뿐만 아니라 사회 적응력을 배양함으로써 사회의 구성원이 되기 위한 사회화의 훌륭한 수단으로 작용한다.

셋째, 사회체육은 유희 및 경기 경험을 통하여 신체 활동에 대한 학생과 일반인의 기본적 욕구를 충족시킨다. 동시에 경기 규칙의 준수 등을 통하여 준법정신을 강화시킴으로써 현대사회의 다양한 문제들을 예방하고 치유할 수 있는 유효한 수단이 된다.

넷째, 사회체육은 사회통합에 기여한다. 사회체육은 학생의 경우 학교에 대한 소속감을 유발하여 학생들에게 우리 학교라는 의식을 형성한다. 가령 학교 대항 경기의 경우 평소 친숙하지 않던 많은 학생들도 한마음이 되어 모교를 응원하며 모교가 경기에서 이겼을 경우에는 학교에 대한 강한 긍지와 자부심을 가지게 된다. 일반인의 경우 동호회 간의 경기를 준비하는 과정이나 경기를 수행하는 활동 등을 통해 상호 유대감이 신장된다.

다음으로 사회체육의 교육적 역기능에 대하여 알아보면 다음과 같다.

첫째, 사회체육에서 지적되고 있는 가장 큰 문제점은 사회체육임에도 불구하고 우리나라 국민의 정서 특성상 지나친 경쟁의식과 승리에 대한 집착 등으로 인한 과도한 압박감이다. 이는 사회체육의 근본적인 취지인 참여보다는 승리, 즐거움보다는 노동과 같은 형태로 스포츠의 가치를 변질시킨다.

둘째, 사회체육을 활성화시키는 가장 큰 목적 중의 하나는 엘리트스포츠주의를 지양하고 보편적 스포츠 활동을 전 국민이 향유하도록 하는 것이다. 그런데 실상은 엘리트스포츠 중심의 학교 체육 정책에 의하여 전체 학생들이 사용할 시설이나 재원 등이 특정 선수들에게 전용되고 일반학생은 직접 참여자가 아닌 관람자로서 전락하는 경우를 들 수 있다.

5) 여가 활동의 일환으로서 사회체육을 활용한 사회봉사 기술의 가치

사회체육을 통한 사회봉사는 여러 계층 및 연령층을 대상으로 수행될 수 있다. 예를 들면 장애아동을 위한 재활치료적인 체육 활동 프로그램을 개발하여 실천하는 일, 비행청소년을 위한 체육 활동, 치매노인을 대상으로 하는 체육 활동 등을 들 수 있다. 이렇게 다양한 영역에서 사회봉사 기술로 활용할 수 있는 사회체육은 다음과 같은 가치를 갖고 있다(김종인 · 우주형 · 이준우, 2010). 이러한 가치들은 사회봉사 기술로 적용되는 사회체육의 특성이기도 하다.

첫째, 치료 및 재활 활동으로서의 가치이다. 사회체육 활동을 통해 수행되는 운동은 대사적 조절 능력을 향상시키는데, 신체 활동으로 혈당이 감소하여 당뇨병을 예방할 수 있으며, 콜레스테롤을 감소시킴으로써 혈액의 지방 상태를 개선하여 동맥경화증의 위험을 방지한다. 이렇듯 모든 사람에게 사회체육 활동은 치료적 · 재활적 효과를 발생시킨다. 나아가 장애인들이나 요보호 노인 등과 같은 봉사대상자들에게 있어 사회체육적인 개입실천은 더더욱 자연스러운 치료 형태이며, 전통적 신체치료를 완결시켜 주는 효율적 수단이기도 하다.

특히 장애인을 주 대상으로 하는 사회체육 활동은 근력, 신체의 조화, 스피드 및 인내력과 같은 체력의 회복에 있어 매우 큰 가치를 지닌다. 따라서 봉사자들은 여러 대상자들에게 사회체육 서비스를 제공함으로써 치료 및 재활의 효과를 거둘 수 있게끔 할 수 있다.

둘째, 여가 활동으로서의 가치이다. 사회체육 활동이 지니는 큰 장점은 여가 활동으로서의 가치에 있다. 즉, 사회체육의 여가 활동으로서의 가치는 모든 인간은 기본적으로 타고난 스포츠 활동에 대한 정열과 삶의 즐거움을 추구하는 욕구를 회복시키는 동기유발이 가능하다는 데 있다.

가령 장애인이 여가 활동에서 기쁨을 느끼지 못한다면 재활의 수단으로서 사회체육 활동이 지니는 장점의 대부분이 사라질 것이다. 따라서 여가생활은 장애인으로 하여금 자신의 신체적 결함을 거부하지 않도록 하는 심리적 균형 감각을 제고하는 데 매우 중요한 요소로 작용한다.

왜냐하면 운동은 흔히 신체장애에 뒤따르는 심각할 정도의 적대적 심리상태를 극복하는 데 도움이 되기 때문이다. 그래서 장애인을 대상으로 하는 사회체육이 지향하는 목적들은 장애인의 심리적 활동 속에 자신감, 자존심, 자기억제 및 경쟁심과 동료애 등을 개발하는 것이며 이러한 심리적 태도는 장애인을 자기중심적 격리 상황에서 끌어내는 데 필수불가결한 것들이다. 물론 이는 장애인뿐만 아니라 모든 사람에게 다 적용될 수 있기도 하다.

셋째, 운동처방으로서의 가치이다. 신체적인 운동은 문제 상황에 처해 있는 사람들로 하여금 '나는 무능력하다' 라는 부정적인 심리를 극복하게끔 하는 데 큰 도움을 준다. 운동은 건강유지, 상해예방, 상해재활에 필수적이며 무엇보다도 삶을 살아가는 데에 필요한 자신감을 공급해 주는 원천이 된다. 특히 이미 장애를 갖고 살아가는 장애인들이 건강관리를 제대로 하지 못하면 그 장애는 더욱 심화될 수밖에 없다. 그러므로 사회체육 활동은 장애가 되는 기능을 회복시키고 긍정적으로 변화시키는 치료적인 접근 못지않게 건강과 체력을 강화시키는 데에 많은 역할을 할 수 있는 운동처방으로서의 가치도 매우 크다고 하겠다.

실제로 장애인의 경우 자신의 능력에 꼭 맞는 운동 과제가 주어지길 바라므로 그러한 장애인의 운동 과제는 운동 시작 단계에서 이미 사정되거나 진단된 바로 그때의 능력을 참고하여 처방되는 운동의 개별화가 요구된다. 이를 위해서는 그들의 현재 체력 수준을 확인해야 한다. 이를 구체적으로 확인하기 위해서는 임상검사 및 운동검사로 참여 대상자들의 한계 등을 파악한 후 운동 강도와 종목 등에 대한 구체적인 처방을 내리는 과정이 필요하다.

그리고 많은 장애인들은 집단으로 운동할 때 자기가 떠맡아야 할 신체 활동뿐만 아니라 전문가와 집단 구성원으로부터 받는 도움이나 조언, 그리고 그들과의 토의 과정을 통해 바람직한 인성을 갖게 된다. 심리적 효과를 높이기 위해 전문가는 그들의 현재 수행능력을 항상 과거와 관련지어 해석하며, 현실적인 범위 내에서 적절한 기대를 하여 동기유발을 이끌어내야 한다. 그리고 장애인의 신체 이미지 개선을 위해서는 장애 정도를 충분히 고려하여 가능하면 별도의 집단을 형성하기보다는 자연스럽게 비장애인 집단에 참여시킴으로써(main-streaming) 여러 가지 사회 · 심리적 효과를 얻도록 해야 한다. 바로 여기에서 전문가의 개입이 필요할 뿐만 아니라 동시에 전문가를 돕는 봉사자의 적극적인 역할이 요구될 수 있는 것이다.

6) 사회복귀 수단으로서의 가치

사회체육의 가장 중요한 목적은 사람들을 자신의 이웃들과 더불어 생활할 수 있도록 도와주는 것이다. 즉, 사회체육 활동은 도움을 필요로 하는 봉사대상자의 사회복귀를 보다 용이하게 하며 이를 가속화시킨다. 가령 오늘날 체육 시설에서 이루어지는 정기적 행사와 워크숍, 세미나 등은 여러 가지 신체적 결함을 지닌 장기 환자의 치료 시에 병원치료의 지루함을 해소하고 심적 활동과 자존감을 회복시키기 위한 매우 유용한 수단으로 사회체육이 인식되고 있음을 말해 준다고 할 수 있다.

어르신을 위한 낙상 예방 프로그램을 활용한 사회봉사 활동

어르신을 위한 낙상 예방 프로그램은 어르신들의 건강과 안전에 매우 유용한 사회봉사 활동이 될 수 있다. 그러면 먼저 낙상(Falling, Fall to the ground)이란 무엇인가? 낙상이란 갑자기 의도하지 않은 자세의 변화로 인해 당시의 몸의 위치보다 낮은 곳으로 넘어지거나 바닥에 눕는 것이다. 그리고 일반적인 낙상 사고는 다음과 같은 과정으로 그 결과가 나타난다(Tinetti et al., 1988).

> Fall to the ground(넘어짐) → Fracture(골절) → Hypoactive(활동제한) → Low Function(기능저하) → Support(지원) → Care(개호) → ?

진행미(2009)의 연구에 의하면, 2008년 한 해 동안 낙상 사고 경험은 만 65세 이상의 전체 어르신들 중 15.3%이며 이는 65세 이상의 노인 집단의 핵심적인 사고의 주요 원인이 된다. 발생 장소는 가정 내 사고(25.2%), 외부 사고(74.8%) 등으로 나뉘며, 주원인은 미끄러운 바닥(34.7%), 울퉁불퉁한 바닥(18.7%), 장애물(15.3%), 급격한 경사(11.8%), 문턱(4.6%) 등의 순으로 나타났다.

이러한 낙상 사고가 일어나는 주요 원인을 루벤쉬타인과 조셉선(Rubenstein & Josephson, 1996)은 낙상의 네 가지 위험요인으로 설명한다. 첫째 보행이나 균형 장애(허약), 둘째 어지러움 증세, 셋째 시각 장애, 넷째 저혈압이다. 또 다른 위험요인은 내인성 요인(생리적 변화, 약물의 부작용)과 외인성 요인(환경의 변화, 부적절한 보행 보조기, 신발)을 들 수 있다.

이러한 낙상은 노인의 건강을 위협하는 가장 심각한 문제 중의 하나로 노인의 조기사망과 신체손상, 비가동성, 사회심리학적 기능장애, 요양원(nursing home)으로 입원시키는 원인이 된다. 특히 75세 이상 노인들은 낙상의 위험을 더욱 증가시키며(Nevitt, 1997) 요양원에서도 50%의 노인이 한 해 한 번씩 낙상을 하고(Tideiksaar, 1998) 40% 이상이 재발을 경험하며(Rubenstein & Josephson, 1992) 65세 이상 노인에게 있어 사고로 인한 사망의 주요 원인이 되고(Baker, 1992) 매년 1만 명이 낙상으로 사망하고 있으며(Tideiksaar, 1998), 낙상으로 인해 병원으로 이송된 노인 중 절반만이 1년 이상 생존할 수 있다. 사망의 직접적 원인이 낙상으로 인하여 몇 주 또는 몇 달 후에 발생되는 여러 가지(심장질환, 폐렴 등) 합병증 때문이다. 이와 같은 낙상은 노인에게 신체적 손상뿐 아니라 정신적 · 사회적 안녕 상태에 심각한 문제를 야기하므로 낙상 예방을 위한 중재를 개발하기 위하여 많은 연구가 이루어져 왔다.
그 결과 낙상 위험 체력 요인은 첫째 하지근력 약화, 둘째 균형 장애, 셋째 보행 장애 등이며 낙상 예방 운동을 실시할 때에는 노인의 개별적인 체력 요소를 파악한 뒤 그 결과에 따라 맞춤 운동을 실시하는 것이 바람직하다(Gardner et al., 2001).

이상과 같은 상황에서 낙상 예방 프로그램의 운영은 어르신들을 위해 대단히 중요하고 소중한 사회봉사 활동이 될 수 있는 것이다. 실제로 낙상 예방 프로그램은 사회봉사 차원이 아닌 전문적인 치료 재활의 하나로 시행되고 있다. 즉, 낙상 예방 프로그램은 병원이나 요양 시설에서 계속 발전되어 왔다. 그리고 최근 이 프로그램은 낙상 횟수를 감소시켜야 하고, 각 병원이나 노인 시설에 낙상 예방 프로그램을 고안하고 발전시킬 위원회가 설치되어야 할 필요성이 제기되는 등 보다 발전된 전문 치료 재활 행위로 확산되고 있기도 하다(Tideiksaar, 1998).
하지만 낙상이 예상보다 매우 빈번하게 발생하고, 고령으로 인해 효과적인 치료와 회복이 성공적으로 수행되지 못하는 상황이 나타나면서 낙상 예방 프로그램의 급속한 확대가 요청되고 있는 실정이다. 이에 반해 예산과 인력의 부족은 전문 치료 개입실천의 일환으로 낙상 예방 프로그램이 활발하게 진행되기에는 여러 어려움이 있는 것이 현실이다.
이에 낙상 예방 프로그램을 사회봉사로 실천하는 것은 참으로 필요하고 크게 유용한 활동이라 할 수 있다. 낙상 예방 프로그램을 운영하는 사회봉사단은 먼저 낙상의 원인부터 살펴볼 필요가 있다. 사회봉사단이 봉사하는 현장은 주로 가정이기보다는 노인병원이나 요양원 등이 많으므로 무엇보다도 노인이 병원이나 요양 시설에 들어오자마자 낙상을 경험한 경우에는 더더욱 낙상의 원인을 분석하여야 한다. 또한 노인의 의료적 상태나 기동성에 변화가 있을 때는 낙상에 대해 재평가를 해야 한다. 특히 낙상의 위험이 있는 노인을 구분하기 위해서는 팔목이나 침실문, 침대 주위, 차트 등에 색깔이 있는 신분표시를 부착하는 것이 필요하다.
그리고 낙상이 발생하면 즉시 환자에 대한 의료적 · 환경학적 조건을 평가해야 한다. 낙상을 예방하기 위해 고안된 정책이 정말로 낙상을 감소시켰는지를 정기적으로 확인하는 것이 필요하며 병원에 근무하는 직원들이나 노인 환자, 가족 등을 대상으로 낙상의 원인이나 위험요소에 대해 정기적인 교육이 실시되어야 하고, 퇴원 시 환자나 환자 가족을 위하여 교육 프로그램을 실시하여 재입원을 막도록 노력해야 한다.

노인에 있어서 낙상은 가장 중요한 건강 문제가 되고 있으며 사망률이나 입원율에 많은 영향을 미친다. 대부분의 낙상은 우연한 사고로 발생하는 것이 아니며 다양한 내재성 · 외재성 원인의 결과이므로 예방을 위해서는 첫째로 낙상을 하는 노인을 평가하여 위험요인을 규명하고, 둘째는 그 요인에 대한 실질적인 중재를 실시하는 것이 필요하다.

이렇게 기본적인 낙상 예방에 대한 과정을 마친 후에는 다음과 같은 과제를 실천해야 한다. 첫째, 노인의 근력을 테스트하기, 둘째 노인의 유연성을 테스트하기, 셋째 노인의 평형성을 테스트하기 등이다. 이런 이후에 노인의 체력 상태를 파악한 다음 노인 낙상 예방 맞춤운동 프로그램을 개발하여 노인을 대상으로 검증한 후 보급하여 노인의 삶의 질을 높이도록 해야 한다.

5. 문화와 예술을 활용한 기술

인간은 사회적인 동물로서 사회의 일원으로 태어나 자란다. 그리고 그가 태어난 가정, 친족 집단, 또래, 그 밖의 인간 집단과의 사회적 상호작용을 통하여 문화를 학습하고, 이를 내면화함으로써 인간다운 인간으로 성장해 간다. 즉 완성된 인간으로 태어나는 것이 아니라 인간으로서의 가능성을 가지고 태어나 진정한 인간으로 형성되어가는 것이다(김영찬, 1994).

그런데 이는 저절로 이루어지지 않는다. 좋은 인성을 키우는 총체적 인간 교육의 장이 마련되어져야만 가능한 일이다. 그렇다면 그와 같은 인간 교육의 장은 어떻게 만들어갈 수 있는가? 여러 가지 방법이 있겠으나 사회봉사만큼 효과적인 것은 없다고 본다. 사회봉사를 통해서 도덕적 품성과 예술적 심미안 등이 배양되고 결과적으로 아름다운 감성과 마음씨를 갖게 될 것이다.

특히 최근에 와서 문화와 예술이 강조되는 사회적 경향 가운데에 예술적 감성은 현대인의 정서적 안정에 꼭 필요한 것으로 인식되고 있다. 하지만 예술적 감성은 문화적 경험의 수준이 높아져야 향상될 수 있는데, 우리나라의 경우 아직도 여전히 많은 국민이 수준 높은 문화와 예술을 체험할 수 없는 실정에 있다. 즉, 급격한 과학 기술의 발달과 함께 산업화, 도시화, 핵가족화에 따른 구조 변화가 가속화되는 상황 속에서 우리 국민들은 전반적으로 생활 수준의 향상과 함께 여가의 확대에 따른 자기 욕구 충족을 위해 다양한 형태의 문화 체험을 요청하게 되었지만 문화와 예술을 실제적으로 체험하지 못한 사람들이 여전히 많다.

따라서 이렇게 문화적 · 예술적 혜택을 누리지 못하는 사람들을 위하여 봉사의 손길이 필요하다. 즉 그들을 위로하고, 그들의 삶의 질을 높이도록 도와주며, 그들이 삶에서의 기쁨을 함께 누리도록 돕는 손길이 필요한 것이다. 현대사회는 '더불어 사는 사회, 서로 사랑을 나누는 사회'를 절대적으로 필요로 하지만 산업의 발달로 이기적 사고와 함께 나만을 위한 삶으로 변질되어 왔다. 이로 말미암아 더불어 사는 아름다움을 자각하게 되고, 이 사회는 나 혼자만이 살 수 없음을 깨닫고, 잃어버린 공동체성을 회복하여 더불어 사는 삶으로 이끄는 사회봉사 활동이 크게 요구되고 있는 것이다. 이렇듯 사회봉사는 더불어 사는 기쁨과 사랑을 나누는 삶의 가치와 함께 이 세상 어느 것보다 아름다운 삶의 모습인 것이다.

현대를 살아감에 있어서 인간의 기본 삶인 의 · 식 · 주만으로는 부족하다. 사회의 발달과 함께 더욱 복잡하고 다양화되며 다문화 사회로의 변화는 인간으로 하여금 더욱 아름다움을 추구하고 질적으로 업그레이드 된 삶을 추구하게 한다. 음식을 먹어도 아름다운 그릇에 담아 격조 있는 장소에서 분위기 있는 음악을 들으며 먹고 싶어 하는 시대가 도래한 것이다.

그렇다면 나 혼자만의 질 좋은 삶을 추구한다면 정말 만족한 삶을 살 수 있겠는가? 인간은 사회적 동물이라고 했다. 신(神)은 인간을 홀로 살아가게 하는 대신 우라는 이름으로 더불어 함께 살아가게 만드셨다. 우리가 더불어 살아가는 삶을 추구할 때, 한 가지 중요하게 생각해야 할 것이 있다. 소외계층에 대한 우리의 견해이다. 편견 없는 시민의식이야말로 사회봉사를 준비하는 첫걸음이다. 소외계층에 대한 시민의 성숙된 의식이 복지사회를 건설하는 밑거름이다. 소외계층이 힘들어 하는 점은 남의 배려를 받기 이전에 주변의 곱지 않은 시선에 있다. 이러한 면면들을 바로잡아줄 수 있는 것이 바로 열린 시민의식인 것이다.

사실 우리 모두는 100% 소외계층이 될 가능성이 있다. 돈 많은 사업가가 일시에 회사의 부도로 소외계층으로 전락할 가능성을 배제하지 못할 것이다. 이렇게 중산

층에서 극빈계층으로 떨어질 경우 가장 힘든 일은 무엇일까? 평소 누리던 문화적 · 예술적 유희를 더 이상 경험할 수 없는 일이 정말 힘들 수 있다고 본다. 바로 여기에서 문화와 예술을 활용한 사회봉사 활동이 중요하게 대두되는 것이다. 문화예술 활동을 통해 더불어 함께 하는 삶을 구현할 수 있다. 음악회나 전시회 등 문화예술 활동을 통해 인간의 정서를 순화시키고 아름다운 세상을 함께 보며 참다운 삶을 영위하도록 하는 것이야말로 대단히 소중한 사회봉사의 방법이자 기술이 될 수 있다.

1) 문화와 예술의 사회적 역할과 기능

문화와 예술은 인간의 배움을 한층 고취시켜 주는 역할을 한다고 볼 수 있다. 즉 인간이 태어나서 울음을 통해 살아 있음을 확인하고, 소리를 통해 기쁨과 슬픔을 인지하며 표현하고 삶을 영위하는 '통생애(lifelong)' 적 삶을 살아간다. 다음으로 음악이나 미술, 문학을 통해 예술가들의 작품을 누리고 공감대를 형성할 수 있으며 예술의 아름다움을 느끼고 체험하며 사는 '공생애(lifewide)' 적 삶을 영위할 수 있다. 마지막으로 그 아름다움을 통해 삶의 의미를 부여하고, 내 삶의 질적인 향상과 행복 추구를 위해 노력하는 '범생애(lifedeep)' 적 삶을 사는 것이다.

현대인들은 위에서 언급한 삶의 질적 향상을 꾀하며 살아가기를 희망한다. 하지만 취약계층, 즉 소외계층의 사람들은 이런저런 이유로 문화의 혜택을 받지 못하고 살아가고 있다. 다시 말해 이들은 문화생활을 상실한 사람들일 수 있다.

이들 소외계층은 장애인에서 경제적 소외계층까지 사회적으로 다양하게 분류할 수 있다. 그러나 그 분류가 중요한 것이 아니라 이러한 소외계층의 사람들을 일반 사람들과 최대한 동일한 환경에서 동일한 삶을 살아갈 수 있는 귀한 존재로 세워 가는 일을 계발하고 실천하는 것이 더욱 중요하다. 이를 위해서는 소외계층과 일반계층과의 의사소통이 절실하게 요청된다. 여기에서 문화와 예술을 통한 사회봉사는 참으로 중요하게 대두된다. 왜냐하면 소외계층의 사람들 또한 문화와 예술을 누리는 생활의 즐거움을 경험할 수 있어야 하기 때문이다.

이런 맥락에서 인간의 삶의 질을 높이기 위해 OECD나 유네스코(UNESCO) 같은 단체에서는 국제회의를 통해 소외계층에 대해 사회적 · 국가적으로 관심을 가질 것을 촉구하면서 동시에 다방면으로 구체적이며 실질적인 노력을 경주하고 있다.

물론 OECD는 경제적 측면에서 문화와 예술을 보편화할 것을 강조하고 있고, 유네스코는 문화유산 및 평생 교육의 측면에서 노력하고 있다. 하지만 이러한 일들을 민간 단체에게만 맡길 수는 없다. 따라서 우리나라도 이제는 문화와 예술을 활용한 구체적인 사회봉사를 국가와 민간이 힘을 합쳐 개발하고 실천해 나갈 필요가 있다고 본다.

여기서 '유네스코 문화다양성 선언' 의 주요내용은 우리에게 많은 시사점을 준다고 할 수 있겠다. 이를 좀 더 자세하게 살펴보면 이 선언문은 '문화' 를 '한 사회와 집단의 성격을 나타내는 정신적 · 물질적 · 지적 · 감성적 특성의 총체이며, 예술이나 문자의 형식뿐 아니라 함께 사는 방법으로서의 생활양식 · 인간의 기본권 · 가치 · 전통과 신앙 등을 포함하는 포괄적 개념' 으로 정의하고 있다.

또한 인류의 공동유산인 문화적 다양성은 현재와 미래 세대의 구성원이 평화롭게 공존하고 상호작용하기 위한 필요수단임을 천명하고 있다. 뿐만 아니라 세계화의 과정에서 약자의 문화를 소외 혹은 약화시키고 그에 따른 자유로운 표현을 방해할 수 있다고 크게 우려하는 내용까지 포함하고 있다. 나아가 현 시점에서 문화의 다양성을 포괄하는 문화정책과 함께 문화의 다양성에 대한 연구가 강화되어야 한다고 역설한다. 더욱이 문화 예술과 관련된 공공 및 민간 기관과 시민사회 간의 협력을 보다 더 강화해야 한다는 점도 강조하고 있으며 이에 따른 유네스코의 역할을 나열하고 있다.

이러한 유네스코의 활동은 오늘 우리나라의 사회봉사 현장에도 적용될 필요가 있다고 판단된다. 이것이야말로 문화와 예술의 사회적 역할과 기능을 효과적으로 실현하는 가장 좋은 방법이 될 것이다.

2) 문화와 예술을 활용한 사회봉사 프로그램

첨단 디지털 시스템으로 무장된 현대사회는 감각적이며 말초신경의 자극을 선호하는 시대인 것 같다. 이런 시대에서 아날로그 방식에 익숙한 기성세대들은 디지털 시대를 사는 젊은이들을 영 마땅찮아 한다. 그래서 "젊은이들의 사고는 지금 어디에 와 있는가?", "유교사상이, 또는 삼강오륜이 실종되고 있다."는 등 기성세대들은 젊은이들이 걱정되어 아우성이다. 하지만 솔직히 기성세대들도 부족하기는 매한가지이다. 기성세대의 치부와 권력다툼, 이기심, 학연, 지연 등으로 얼룩진 모습을 보면, 그들이 걱정하며 때로는 험담하고 우려하는 젊은 세대와 비교해 볼 때, 오히려 과연 신은 어느 편에 계실까 궁금해진다.

무엇보다도 기성세대가 펼쳐 놓은 학벌 중심의 사회 구조는 두고두고 젊은 세대의 지탄을 받아 마땅하다고 본다. 학교는 왜 다니며 누가 더 오래 학업을 지속했느

냐가 왜 그리 중요한지, 왜 그렇게 학위의 있고 없음을 따져야 하는지, 학위가 진짜냐 가짜냐의 싸움이 왜 그토록 중요한 것인지 묻게 된다. 조상을 잘 만나 땅 팔아 졸부가 되어 돈 쓸 때를 궁리하여야 하는 시대는 지나지 않았는가 한번 생각해 볼 일이다.

우리의 현실이 걱정되고 한심하다고 우리들은 쉽게 이야기를 꺼낸다. 아버지가 어려운 환경에서 고생하며 열심히 살아서 우리의 가정을 이만큼 이루어 놓았다고 호소하는 일이 과연 첨단 문화 혜택을 받으며 살아가는 오늘날의 젊은이들에게 얼마나 이해가 되겠는가? 보릿고개 시절을 비하하거나 무시할 생각은 단 1%도 없지만 기성세대와 젊은 세대가 진정으로 소통하면서 서로를 이해해야 할 필요가 있다는 것은 분명하다.

여기에서 사회봉사는 기성세대와 젊은 세대를 하나로 묶는 역할을 할 수 있다고 본다. 그리고 음악이나 미술 등과 같은 예술이나 문화 활동을 활용한 사회봉사는 더더욱 기성세대와 젊은 세대를 소통하게 하고 서로를 공감하게 할 수 있을 것이다. 가령 어린 시절 음악을 좋아했지만 부모의 만류와 설득으로 평생을 먹고 살기에 힘써서 이제는 경제적으로 어려움이 없이 정년퇴직을 맞기까지 열심히 삶을 영위해 오신 어르신이 한 대학 평생교육원 성악교실에 어렵게 문을 두드리며 하시는 첫마디가 이것이었다. “어린 시절 음악을 동경했으나 생활에 쫓기어 희망을 접고 한평생 다른 길로 생활하다 이제 정년을 맞고 보니 옛 추억이 생각나 신문의 한 귀퉁이에 있는 광고를 보고 용기를 내어 이렇게 찾아왔네요. 나 같은 사람도 이 나이에 음악에 대해 공부를 할 수 있을까요?” 가슴이 아프다 못해 저리는 심정을 어찌 감출 수가 있겠는가? 이 어르신이 만약 성악을 공부한 젊은이들과 함께 독거노인이나 장애인 등 소외된 사람들을 위해 연주한다면 그 과정 속에서 소중한 소통과 상호 이해가 생기지 않을까 싶다.

클래식 음악이나 정통 미술 등이 몇몇 특수 집단에 속한 귀족 문화라는 인식은 이미 사라졌다. 전 국민이 어느 장르이든 상관없이 좋은 음악과 미술작품을 즐기고 만드는 시대가 도래하였다. 누구든지 즐길 수 있는 문화가 된 것이다. 그럼에도 여러 가지 여건의 어려움으로 대중화된 그 귀한 문화를 누릴 수 없는 사람들로 하여금 함께 체험하고 행복하게 해 주는 사회봉사는 너무도 소중한 활동인 것이다. 그와 같은 사회봉사를 받는 봉사대상자도 행복을 얻겠지만 아름다운 섬김을 실천하는 봉사자에게도 그 활동은 큰 보람과 감동이 될 것임에 틀림없다.

최근 한 조간신문에서 어느 신학과 교수님이 독창회를 열고 음반을 낸 기사를 읽었다. 그 내용인즉, 목사이신 아버님을 둔 이 분은 유학시절 친구의 졸업연주에 이중창을 협연하게 된 계기로 친구의 지도교수에 의해 성악공부를 하게 되었다. 한국에 돌아와 신학대학 교수가 되어서도 성악에 대한 미련을 못 버리고 꾸준한 연습과 연구 끝에 독창회를 열어 성공적으로 마쳤다고 한다. 어쩌면 그날 독창회에 참석한 청중들은 많은 희열과 감격을 느꼈을 것이다. 만약 그날 초대된 봉사대상자들이 있었다면 더더욱 그날의 독창회는 멋진 사회봉사적 공연이 되었을 것이라고 본다.

바로 이것이 문화와 예술을 활용한 사회봉사가 아닐까 생각된다. 어느 누구의 강요에 의한 것도 아니요 진정 자기 스스로의 결정과 미래에 대한 희망을 생활을 통해 실행한 결과인 것이다. 이렇게 사회봉사 활동에서도 예술 분야를 통해 봉사할 수 있는 측면은 많이 있다. 몇 가지 중요한 사례를 소개하고자 한다. 베네수엘라의 청소년 음악 교육 '엘 시스테마(El Sistema)' 를 이끈 아브레우 박사의 이야기와 우리나라 '한국대학사회봉사협의회 주관 대학생 해외봉사단' 의 활동이다.

베네수엘라의 청소년 음악 교육 '엘 시스테마(El Sistema)'를 이끈 아브레우 박사의 이야기

가난과 마약과 방황 및 폭력 등으로 물든 베네수엘라의 청소년들에게 음악가이자 경제학자인 호세 안토니오 아브레우(Josè Antonio Abreu) 박사가 1975년 '엘 시스테마'라는 음악과 인성 프로그램을 만들어 베네수엘라 청소년들에게 교육혁명 프로젝트를 시작하면서 추진하게 된 것이다. 35년 전 '엘 시스테마'를 시작했을 때 교육을 받으러 온 11명의 청소년들과 함께 수도 카라카스의 허름한 창고에서 시작한 이 프로그램은 빠른 시간에 파급되어 지금까지 전국 125개 지부에서 청소년 오케스트라 교육을 받은 인구만 27만 5,000명에 이른다. 오늘날 전 세계가 찬사를 던지고 있는 '청소년 오케스트라의 천국(天國)'은 그의 상상력으로 가능했다.

엘 시스테마는 아이들에게 무료로 악기를 대여해 주고 레슨도 무료다. 레슨은 그룹으로 이뤄지고, 기초를 터득한 아이들은 더 나이 어린 아이들을 가르친다. 그들이 졸업 후 별도의 청소년 오케스트라를 창단했고 그들이 음악교사가 되어 '엘 시스테마'는 점차 전국적인 운동으로 확산됐다. 애정으로 서로 의지하고 격려하면서 점차 아이들은 유럽의 음대에 입학할 정도의 수준에 도달했다. 거리에서 방황하던 아이들이 악기를 들고 예술을 알게 되었고 거리 또한 깨끗해졌음은 물론이다. 엘 시스테마가 만든 오케스트라는 지금 베네수엘라 전역에 200여 개에 이른다. 엘 시스테마가 시작된 이래 베네수엘라는 이 프로그램을 국가 차원에서 계속해서 지원하고 있으며 다른 라틴 아메리카의 22개국에서 이 프로그램을 벤치마킹하여 운영하고 있다. 베를린 필하모닉 음악감독 사이먼 래틀 경은 "이 프로그램이야말로 클래식 음악의 미래를 위해 행해져야 할 가장 중요한 사업이다."라고 감탄했다.

지금 세계에서 가장 화려한 조명을 받고 있는 지휘자인 두다멜은 바로 이 프로그램이 탄생시킨 놀라운 결과물 가운데 한 인물이라는 평가를 받고 있다. 바이올린을 배우게 된 동기가 엘 시스테마가 준 무료 악기에 있었고, 물론 그도 무료로 바이올린 레슨을 받으면서 성장했다. 10살 때 레슨을 받기 시작했지만 발전이 빨랐다. 그래서 전공하기로 결심하고 하신토 라라 음악원(Jacinto Lara Conservatory)과 라틴 아메리카 아카데미에서 바이올린을 전공했고, 1995년부터 지휘(처음엔 로돌프 사림베니(Rodolfo Saglimbeni)에게, 후엔 엘 시스테마의 설립자인 호세 안토니오 아브레우(Josè Antonio Abreu)에게 사사)를 공부하기 시작해서 3년 뒤인 1999년에 아마데우스 체임버 오케스트라와 시몬 볼리바르 청소년 오케스트라(Orchestra Sinfónica Simón Bolívar)의 음악감독으로 본격적인 지휘생활을 시작했다. 2004년 5월엔 말러 지휘자 경연대회에서 우승한 것을 계기로 클라우디오 아바도와 사이몬 레틀의 지원을 받으면서 세계악단의 주목을 받기 시작했다. 2006년엔 도이치 그라모폰과 레코딩 계약을 체결해서 세상의 주목을 받았고 이 무렵부터 그의 행보는 국제적으로 빠르게 발전했다. 2007년, 루체른 페스티벌에서 비엔나 필하모닉(Vienna Philharmonic)을 지휘하면서 거장 다니엘 바렌보임과 협연했고, 이어서 뉴욕 필, 베를린 필, 베를린 스타스카펠레 등 정상급의 오케스트라를 지휘했다. 그는 라틴연맹이 라틴문화에 공헌한 인사에게 수여하는 '라티니다드(Latinidad) 상'을 수상했다.

2008년 말 한국을 비롯해 아시아를 순회한 시몬 볼리바르 청소년 오케스트라(지휘자: 구스타보 두다멜)는 엘 시스테마의 3기생들로 이루어졌다.

두다멜은 2009년 9월 시즌부터 로스앤젤레스 필하모닉의 음악감독으로 활동하기 시작했다. 에사-페카 살로넨(Esa-Pekka Salonen)의 뒤를 이어 로스앤젤레스에 입성한 두다멜은 또 하나의 전설을 기대하고 있다.

캘리포니아에서는 스페인계 청소년을 대상으로 프로젝트가 진행 중이며 이 운동에 적극적인 지휘자 클라우디오 아바도(전 베를린 필 음악감독)는 유럽에서도 이 운동을 전개하겠다고 했다. 우리나라에도 이와 비슷한 부산 소년의 집 알로이시오 오케스트라가 있다. 아브레우 박사는 부산 소년의 집 소식을 듣고 "저소득층이나 빈곤층 자녀들이 음악에 대한 꿈을 잃지 않고 있다는 점에서 공통점이 많다"며 이 오케스트라를 베네수엘라에 공식 초청했다.

출처: 2008년 12월 16일 조선일보 기사.

한국대학사회봉사협의회 주관
대학생 해외봉사단

이 단체의 목적은 대학생의 해외 봉사 활동을 통해 인류애를 실현하는 글로벌 청년 리더를 양성하고, 다양한 삶의 경험을 축적하며, 'World Friends Korea' 활동을 통해 국가 간 상호 이해를 증진함에 있다. 매년 하계 · 동계 방학을 이용하여 전 세계 어려운 나라들의 봉사를 통해 대학생 간 교류, 학교 보수공사, 농어촌 지역 봉사, 독서 프로그램 진행, 보건 위생 교육을 비롯하여 태권도, 음악, 미술, 스포츠, 의료 봉사 등 배려의 문화를 실천하며 동시에 배우는 더불어 가는 삶을 실천하는 것이다.

가령 2010년 하계 봉사는 네팔, 라오스, 몽골, 베트남, 스리랑카, 우간다, 케냐, 태국, 필리핀 등 9개국에서 17개 팀으로 구성된 학생인원 468명이 활동하였고 11개 기관이 함께 하였다. 이러한 교류는 여러 기관과 함께 진행되고 있다(새마을 중앙운동회, 아시아협력기구, 지구촌 공생회, 월드쉐어, 강남대학교, 은평천사원, 밝은사회클럽 국제 본부, 한국자원복지개발원 등).

실제적 사회봉사 활동의 일환인 대학생 사회봉사단 활동은 의미 있는 프로그램이다. 그동안 대학에서 이론으로 체득한 지식을 다양한 활동과 경험을 통해 다시 배우고 익힐 수 있을 뿐만 아니라 활동을 통해 만나는 모든 사람들은 우리의 삶을 풍성하게 하는 소중한 자원이 된다.

결론적으로 문화예술의 측면에서 소외되고 문화를 접하지 못한 이들에게 찾아가는 문화의 전달은 매우 중요한 것이다. 이런 측면에서 위문 공연 및 활동은 매우 의미가 있다. 위문 활동이란 자의 혹은 타의에 의하여 외부활동이 어렵거나 자유롭지 못한 개인이나 단체들의 외롭고 힘든 생활을 달래주기 위하여 행하는 모든 위로 활동을 말한다. 이러한 위문 활동이 보육원이나 군부대, 노인을 위한 시설이나 복지관 등 문화 예술을 접하기 어려운 곳에게 이루어진다면 큰 의미가 있을 것으로 본다. 예술(음악, 미술, 체육 등)을 통해 인간의 심성을 회복시키고 잘못 길을 든 이에게 바른 길로 인도하는 효과가 앞서 제시한 베네수엘라의 '엘 시스테마'를 통해 입증되었다면 이러한 예술 활동이 어느 개인에 의해서보다는 국가에서 정책적으로 적극 후원을 하여 민간 단체와 함께 협력하는 것이 더 바람직하다. 이를 통해 우리 사회가 더욱 더 밝은 사회, 더불어 가는 사회로 변화되어 가야 한다.

생각 다듬기

1. 사회봉사 활동 시에 유용하게 사용할 수 있는 자원에는 어떠한 것들이 있나요?
2. 사회봉사 현장에서 활용할 수 있는 기본적인 인간관계 기술에는 어떠한 것이 있나요?
3. 사회봉사 활동에 활용할 수 있는 나만의 기술은 무엇인지 생각해보고 함께 이야기 나누어 봅시다.

제2부

사회봉사의 실제

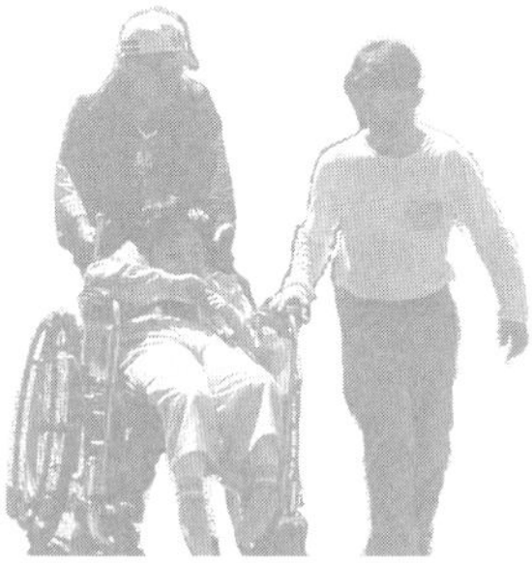

제2부에서는 사회봉사 현장에서 필요로 하는 여러 가지 사항들을 살펴보고자 한다. 이를 위해 사회봉사의 대상 및 영역별로 세분화하여 구체적으로 정리해 보았다. 다시 말해 제1부에서 다룬 사회봉사의 개념과 방법들을 기본적으로 활용하면서 각각의 세부적인 분야에 따른 특화된 사회봉사 활동의 실제를 고찰하였다.

제4장

사회봉사의 대상

사회봉사의 대상은 수없이 많다. 그래서 그들을 다 다루기란 현실적으로 불가능하다. 어쩔 수 없이 아동, 청소년, 노인, 장애인, 다문화가족을 주요 대상으로 나름대로 선정하여 설명하였다.

▲ 의왕 부곡중학교 사랑의 벽화

2010년 9월부터 11월까지 3개월간 매주 토요일마다 강남대학교 회화 전공 사회봉사단원들이 동심을 표현한 귀여운 스케치로 학교를 장식했다.

1. 아동

아동은 넓게는 신생아에서부터 초등학교를 마칠 때까지의 연령의 아이를 뜻하며 발달 단계로 구분할 때에는 6세경부터 12세경까지의 초등학교 시기 아이를 말하나 우리나라의 아동복지법에서는 18세 미만인 자를 뜻한다(한국유아교육학회 편, 1996: 350). 법률상 아동에 대한 정의를 살펴보면 법의 취지와 목적에 따라 다소 상이하게 정의되어 있음을 알 수 있다. 구체적으로 유엔 아동권리협약에서는 아동을 18세 미만의 자로 정의하고 있고, 아동복지법이나 입양촉진 및 절차에 대한 특례법, 한부모 가족 지원법 등 사회복지와 관련한 대부분의 법에서도 만 18세 미만의 자로 규정하고 있다. 그 밖에 민법이나 소년법에서는 아동을 미성년 또는 소년이라고 명명하고 그 연령 기준을 20세 미만으로 정하고 있다. 즉, 심리학에서는 아동을 초등학교 시기에 해당하는 만 6세에서 12, 13세까지의 연령에 해당하는 자로 이해하는 반면, 사회복지적 관점에서는 아동의 범위를 더 확대하여 만 18~20세까지로 보고 있다(오정수 · 정익중, 2008).

1) 아동의 특성

장인협과 오정수(2004)는 아동의 특성을 의존성, 성숙, 욕구, 민감성, 적응성의 다섯 가지로 설명하고 있다.

첫째, 의존성은 아동의 고유한 특징 중 하나로 아동은 생존과 성장을 위해 부모를 비롯한 보호자의 지속적인 사랑과 관심에 의존하고 있다.

둘째, 아동기는 인간의 성장에 있어서 미성숙의 단계에서 성숙의 단계로 발전해 가는 과정이다. 아동 시기에 적합한 양육환경과 학습의 기회가 제공되고, 이를 통해 신체적, 정서적, 인지적, 사회적 발달이 잘 이루어질 때, 성숙한 인간으로서의 성장이 가능해진다.

셋째, 아동은 식욕, 갈증, 수면, 휴식, 배설, 고통 회피 등과 같은 인간의 생존을 위한 생리적 욕구를 가지고 있는 존재이다. 동시에 아동은 정서적 · 심리적 욕구의 충족을 필요로 한다. 단순한 생존을 위한 욕구뿐만 아니라 부모나 주변의 의미 있는 어른들, 그리고 또래들로부터 사랑받고 인정받고 싶은 욕구를 가지고 있다.

넷째, 민감성이란 아동이 타인의 감정과 반응에 민감한 특성을 말한다. 이는 아동이 생존은 물론 자아를 형성하는 데 있어서 타인에 대한 의존성이 높은 데에서 기인한다고도 볼 수 있다. 또한 아동은 즉각적인 욕구 충족을 추구하는 존재이다. 욕구 충족의 지속적인 좌절은 퇴행이나 사회에 대한 불신, 부정적인 세계관 등 아동의 심리사회적 발달에 부정적인 영향을 미칠 수 있다.

다섯째, 아동은 환경에 적응하는 특성을 갖는다. 아동은 가정에서 또래 집단, 학교, 지역사회 등으로 사회관계망을 넓혀 가면서 사회 속의 인간으로 성장하게 된다. 즉, 아동기란 사회에서 자립하여 생활할 수 있도록 사회적응능력을 길러 나가는 시기라고 볼 수 있다. 주목할 점은 다양한 문화와 가치가 공존하고 빠르게 변화하는 현대사회로 오면서 부모를 비롯한 보호자의 보호하에 사회적응을 위한 교육과 훈련을 받는 기간이 점차 장기화되고 있다는 사실이다.

2) 아동을 대상으로 하는 사회봉사 활동의 종류와 내용

아동을 위한 사회봉사 활동은 아동의 특성을 고려하여 그들의 충족되지 못한 욕구를 파악하고 이를 충족할 수 있는 프로그램을 개발하여 제공하는 것을 의미한다. 아동 대상 사회봉사 활동의 종류로는 아동에게 직접적인 서비스를 제공하는 심리 · 정서적 지원, 교육 지원, 여가 활동(놀이) 지원 그리고 보호 활동으로 나누어 볼 수 있다. 또한 아동을 위한 서비스 제공이 보다 원활히 이루어질 수 있도록 간접적으로 돕는 업무 보조, 조사 활동, 정보 제공 활동 그리고 각종 후원 이벤트 및 캠페인의 기획 및 시행 또한 아동을 위한 사회봉사 활동의 한 유형으로 볼 수 있다. 대부분의 경우 하나의 사회봉사 활동에서 여러 유형의 지원이 함께 이루어지게 된다. 예를 들어 봉사자가 아동에 대한 멘토로 활동하게 되는 경우 아동에 대한 정서적 지원뿐 아니라 학업에 대한 도움, 여가 활동 지도까지 함께 이루어지는 것이 일반적이다. 다음 |표 4-1|은 아동을 대상으로 한 사회봉사 활동의 목록을 정리해 놓은 것이다.

|표 4-1| 아동을 대상으로 한 사회봉사 활동

구분	종류	예
직접적 자원봉사	심리 · 정서적 지원 (상담)	• 또래 상담 • 전화 상담 • 가족 상담 • 학교부적응아동 상담 지도 • 문제행동아동 상담 지도 • 한부모가정 아동 심리 · 정서 지도 • 실직가정 아동 심리 · 정서 지도
	교육 지원	• 아동 공부방 학습 지도 • 학습부진아동 지도 • 아동 교육 프로그램 지도 • 아동 컴퓨터 지도 • 아동 외국어 지도
	여가 활동 지도	• 취미 교육 • 동아리 활동 지도 • 캠프 활동 보조 • 레크리에이션 지도 • 독서 지도 • 각종 문화놀이 지도
	보호 활동	• 방과 후 아동보호 지도 • 일일 위탁부모 • 영유아 보호 시설 아동 돌보기 • 보육 시설 아동 돌보기
간접적 자원봉사	업무 보조	• 아동 단체 및 시설의 업무 보조
	조사 · 감시 활동	• 지역사회 유해 환경 조사 · 감시 • 사이버 유해 환경 조사 · 감시
	정보 제공	• 사회봉사 활동 정보지도 제작 • 아동을 위한 지역사회신문 제작
	이벤트 및 캠페인	• 소외계층 아동을 위한 바자회 • 소년소녀가장을 위한 음악회 • 소외계층 아동을 위한 도서 및 장난감 보내기 캠페인 • 결식아동을 위한 사랑의 빵 나누기 모금 • 아동학대 예방 및 신고 캠페인 • 저소득가정 아동 교육비 지원을 위한 바자회

출처: 최덕경 외(2006). 자원봉사론. p. 385. |표 14-1|을 수정 보완함.

아동을 위한 사회봉사 활동 사례

사례1 찾아가는 멘토봉사단

'찾아가는 멘토봉사단'은 수도권 지역 대학생들을 대상으로 이루어진 자원봉사 단체로서 지방 소도시 지역아동센터 및 공부방을 대학생으로 구성된 멘토봉사단이 직접 방문하여 저소득가정 아동들에게 교육, 놀이, 상담 등 다양한 형태의 멘토 프로그램을 지원하고 있다. 멘토봉사단은 기획단과 일반봉사자로 구성되며 학기 중에는 기획단이 투어 준비를 하고 학기 중 선발된 일반봉사자들과 함께 방학기간 동안 전국 투어를 실시한다. 여기서 투어는 방학기간 중 교육여건이 좋지 않은 지방 소도시를 돌면서 아이들의 학습능력 향상과 지식함양을 위한 프로그램, 긍정적인 미래관과 인성 교육에 중점을 두는 멘토 프로그램을 실행하는 것으로 이루어진다. 2009년에 진행한 투어는 약 50명의 봉사자들이 12개 조로 나누어 전국 24개의 센터에서 한 달여 기간 동안 이루어졌다.

사례2 인연맺기학교

'인연맺기학교'는 여러 이유로 방과 후에 다른 교육의 기회를 가질 수 없는 아이들을 위한 곳이다. 현재 경제적 형편으로 인해 사교육을 받지 못하는 아이들을 위한 방과 후 학교로 운영하는 공부방과, 세상과 만날 기회가 적은 장애아동과의 주말 프로그램을 진행하는 학교가 진행되고 있다. '인연맺기학교'는 아이들, 아이의 부모, 그리고 대학생 사회봉사자가 만나 인연을 맺는 곳으로 '인연맺기학교'의 사회봉사자들은 '짝꿍 교사'라 불리고 있다.

사례3 록빠를 사랑하는 사람들

'록빠'는 '돕는 이'라는 뜻의 티벳말이다. 현재 티벳은 1950년 중국의 침략 이후 중국정부의 통제를 받고 있으며 그로 인해 티벳인들에 대한 차별과 탄압이 이루어지기도 한다. 이를 피해 티벳에서 나와 인도로 이주한 아이들을 위해 한국인들이 '록빠'라는 탁아소를 만들었다. 이 '록빠'를 지원하는 모임이 '록빠를 사랑하는 사람들'이다.

2. 청소년

연령을 기준으로 한 청소년에 대한 정의는 사회문화적 요인에 따라 다양할 수 있다. 우리나라 청소년 관련 법규에서 청소년을 그 연령에 따라 정의한 예를 보면, 법의 목적에 따라 상이한 정의가 이루어지고 있다. 먼저 우리나라 청소년기본법은 9세에서 24세 이하인 자를, 그리고 청소년보호법은 19세 미만인 자를 청소년으로 규정하고 있다. 또한 민법에서는 만 20세 미만인 자를 미성년자로 정하고 있다.

청소년기(adolescence)는 아동기와 성인기 사이의 시기이다. 즉 부모에게 의존적이던 아동기에서 벗어나 스스로 자립하여 생활할 수 있는 성인기에 이르는 과도기라고 볼 수 있다. 일반적으로 청소년기는 2차 성징이 일어나는 시기에서부터 사회 · 심리적으로 자립하여 생활할 수 있는 성인기에 이르는 시기까지를 가리킨다. 청소년기 동안 개인은 신체적인 성숙과 함께 정서적으로 급격하고 다양한 변화를 경험하게 된다. 신체적으로 2차 성징을 통해 성인과 같은 신체를 갖게 되며, 정서적으로는 '질풍노도의 시기', '제2의 반항기', '주변인' 등으로 표현되는 급격한 변화를 경험하게 된다.

1) 청소년의 특성

청소년기의 특성을 신체발달, 인지발달, 정서발달 그리고 사회성 발달의 측면에서 제시하면 다음과 같다(이종복 외, 2008).

첫째, 신체적 발달이다. 청소년기의 신체적 특성은 2차 성징을 통한 급격한 신체 변화를 경험하게 된다는 것이다. 사춘기 증상으로 여자의 경우 초경을 경험하게 되고, 남자의 경우 체모가 발달하고 음경이 자라면서 사정과 몽정을 경험하게 된다.

둘째, 인지적 발달이다. 청소년기에 개인은 아동기와는 구별되는 사고를 하게 된다. 피아제(Piaget)의 인지발달단계론 중 형식적 조작기는 12세경 사춘기부터 성인기에 이르는 시기를 이른다. 따라서 청소년기는 인지발달의 측면에서 형식적 조작기로 볼 수 있다. 형식적 조작기의 특징은 추상적인 사고가 가능하다는 것이다. 즉, 복잡한 추리가 가능하고, 경험하지 못한 일에 대해 가설을 세우고 체계적으로 검증하는 일 그리고 당면한 문제의 해결을 위해 다양한 대안을 세우고 그 결과에 대한 예측을 통해 최선의 대안을 선택하는 일 등이 가능하다. 그 밖에도 청소년기에 이르러 개인은 도덕적, 정치적, 철학적인 사고를 하게 되고 가치의 문제를 이해하고 고민하기 시작한다.

셋째, 정서적 발달이다. 청소년기의 두드러진 특성 중 하나는 정서의 변화가 심하다는 것이다. 따라서 청소년기를 '질풍노도의 시기' 로 표현하기도 한다. 청소년기 개인은 감정의 기복이 심하고 낙관적이고 비관적인 감정이 교차하는 등 민감하고 감상적이기 쉽다. 특히, 2차 성징의 출현과 신체적 급성장은 개인의 자아에 대한 불안감과 긴장감을 심화시켜 정서적 불안정을 가져올 수 있다. 또한 에릭슨(Erickson)은 인간발달 단계를 8단계로 나누면서 청소년기에 해당하는 12~18세까지의 시기를 자아정체감을 확립하는 시기로 보았다. 이 시기에 자아의식이 제대로 발달되지 않는 경우 자신의 역할에 대한 혼돈을 경험할 수 있다. 또한 자아의식의 발달은 기성세대와 기존 사회에 대한 반발심을 증가시키게 된다.

넷째, 사회성 발달이다. 청소년기는 아동기와 비교하여 사회관계에서 있어서 가족 구성원과의 관계가 차지하는 비중은 약화되는 데 반하여 또래 관계의 영향력은 커지는 시기이다. 청소년들은 또래 집단의 의견을 매우 중요하게 생각하며, 가족보다는 친구들과의 교제에 더 많은 시간을 보내고자 한다. 또한 청소년기는 이성 관계에 대한 관심이 증가하는 시기이기도 하다.

2) 청소년을 대상으로 하는 사회봉사 활동의 종류와 내용

청소년을 대상으로 하는 직접적인 사회봉사 활동은 일반 청소년을 대상으로 그들의 건전한 놀이 문화와 활동 역량강화를 위해 시행되는 여러 활동(예 교육 지원, 여가 활동 지원 등)과 위기 청소년을 대상으로 한 심리 · 정서적 지원, 자립 준비 지원, 보호 활동 등을 들 수 있다. 그 밖에 간접적인 활동으로는 청소년 관련 기관이나 시설이 원활히 운영될 수 있도록 행정업무를 보조하거나 시설과 장비를 정비하는 일, 자원 동원과 홍보를 위해 실시되는 각종 이벤트나 캠페인에 참여하는 일, 그리고 청소년을 유해환경으로부터 보호하기 위해 문제 실태를 조사하고 지역사회를 감시하는 일 등을 들 수 있다. 다음 |표 4-2|는 청소년을 대상으로 한 사회봉사 활동의 목록을 정리해 놓은 것이다.

|표 4-2| 청소년을 대상으로 한 사회봉사 활동

구분	종류	예
직접적 자원봉사	심리 · 정서적 지원 (상담, 결연)	• 청소년 상담(전화, 인터넷, 면접) • 학교 상담 자원봉사 • 비행청소년 상담(법무부, 검찰청 관련) • 멘토링 서비스 지원 • 소년소녀가정, 한부모가정, 시설보호청소년, 비행청소년 개별 결연
	교육 지원	• 외국어 교육 • 방과 후 학습 지도 • 청소년 자원봉사자를 위한 교육
	여가 활동 지도	• 문화탐방 • 국제교류 • 취미 교육 • 동아리 활동 지도 • 캠프 활동 보조 • 레크리에이션 지도 • 각종 놀이 및 공연 지도
	자립 준비 지원	• 취업 지원 서비스(직업훈련, 사회적응훈련) • 생활 및 가사 지원 서비스(식사 준비, 취사, 세탁, 생필품 구입)
	보호 활동	• 위기청소년 일시보호(쉼터) • 위탁가정
간접적 자원봉사	업무 보조	• 청소년 단체 및 시설의 행정 업무 보조 • 차량 지원
	조사 · 감시 활동 및 정보 제공	• 지역사회 유해 환경 조사 · 감시 • 사이버 유해 환경 조사 · 감시 • 청소년 욕구 조사 등 사회조사 • 청소년 신문 제작
	이벤트 및 캠페인	• 근로청소년을 위한 음악회 • 저소득가정 청소년 장학금 모금을 위한 활동 • 청소년을 위한 금연, 약물남용 방지 캠페인
	시설 정비	• 보일러, 수도, 놀이터 등 각종 시설 및 장비 정비 • 아동 · 청소년 시설 자연학습장 만들기

출처: 최덕경 외(2006). 자원봉사론. p. 385. |표 14-2|를 수정 보완함.

청소년을 위한 사회봉사 활동 사례

다음은 경기복지재단 우수사례집(2009: 111-130) 중 최우수 사례인 문촌사회복지관의 사회봉사 프로그램 내용을 요약한 것이다.

사례 스승이 많은 아이들

이 프로그램은 아동청소년들이 지역사회 내의 많은 스승과의 만남을 통해 사회적 자본망을 넓게 형성하고 자아탄력성을 향상시켜 건강하게 성장할 수 있도록 하고자 계획되었다.

위기가정의 아동청소년을 대상으로 하였으며 지역사회 내에 있는 기업, 교회, 학교, 개인 등 다양한 환경에서 활동하는 지역주민들 중 청소년의 올바른 인격형성을 위한 역할모델을 제시해 줄 수 있는 스승들을 발굴하고 연계하는 것을 주요 내용으로 한다. 즉, 사회봉사자들의 역량에 따라 학습 스승, 진로 스승, 문화 스승, 말과 행동 스승을 선정하고 이들을 청소년들과 연계시켜 긍정적인 관계를 형성할 수 있도록 돕는다. 나아가서 참여한 청소년들이 스스로 지역사회 봉사 활동에 참여하도록 유도함으로써 스스로도 누군가에게 도움이 될 수 있는 기회를 제공한다.

이 프로그램의 경우 지역사회 인적 자원을 발굴하고 이들이 사회봉사 활동에 적극적으로 참여하도록 유도한다는 면에서 의의가 있다. 청소년들에게 성인과 긍정적인 관계를 형성할 수 있도록 돕는 것은 물론 지역사회 내 사회봉사 활동의 활성화에도 기여하고 있다.

3. 노인

최근 우리 사회는 생활조건의 개선 및 보건 · 의료 기술의 발달과 더불어 평균수명이 연장되면서 노령인구의 비율이 급속히 증가하고 있다. 이 같은 고령화로 인해 야기되는 노인의 개인적 · 사회적 문제의 대부분은 사회적 차원에서의 해결과제로 대두되고 있다. 이러한 문제의 해결은 무엇보다도 노인의 행복한 삶의 영위와 더불어 성공적 노년을 위한 측면에서 고려되어져야 할 것이다(박태영 외, 2008).

고령화 사회의 진전과 가족보호 기능의 저하, 정상화 이념의 확산 등과 관련해서 취약한 노인의 보호, 즉 혼자 사는 노인, 거동불능 또는 치매성 노인(혹은 그 가족) 등의 보호와 지원을 위해서는 사회봉사 활동이 필요불가결하다(류기형 외, 2004).

1) 노인의 특성

노인은 노인 특유의 신체적 · 심리적 · 사회적 변화 때문에 그들만이 지닌 성격특징이 나타난다고 보는 것이 일반적인 견해이다. 노인 성격이 나타나는 원인은 질병, 빈곤, 고독의 3고(苦)에서 유래하는 것이라 볼 수 있다. 노년이 되어 신체적 · 심리적 · 사회적 변화로 많은 장애가 증가하고, 적응능력의 저하와 함께 자주 그리고 쉽게 욕구불만에 이르며, 이러한 욕구불만으로 인해 성격특성이 나타난다는 것에 주의해야 한다. 세대 간 갈등은 깊어가고 경로사상은 실종 위기에 있지만 노인들이 경제적 자립을 꾀할 수 있는 토대는 상당히 빈약해 노년기 삶의 질이 급격하게 떨어질 수밖에 없는 것이다.

2) 노인을 대상으로 하는 사회봉사 활동의 종류와 내용

노인의 소득보장을 위해 연금, 공적부조, 노인요양보험, 경로우대, 의료보장 등이 정책적으로 실시되고, 사회적 서비스를 위해 이용 시설 서비스, 가정봉사원 서비스 등이 활용되고 있는데 노인을 위해서는 말벗, 책 읽어주기, 외출동행, 신상상담, 가정에의 초대와 같은 정서적 서비스, 청소, 취사, 세탁, 수선 및 심부름과 같은 가사적 서비스, 밑반찬 제공, 후원, 결연, 캠페인, 바자회와 같은 경제적 서비스, 병원동행, 수속, 수령대행 및 병문안, 간병 등과 같은 의료적 서비스 등의 봉사활동에 참여할 수 있다.

노인에 대한 자원봉사 시에는 우선 노인의 신체적 · 심리적 · 사회적 특성을 구체적으로 이해해야 한다. 노년기의 신체적 변화와 이에 따른 문제들, 정신적 변화와 사회적 관계의 변화에 대한 이해의 폭을 넓힘으로써 보다 효율적인 서비스를 할 수 있고, 노인의 독특한 행동이나 상황에 잘 대처할 수 있다. 또한 노인에 대한 존경의 마음과 예의에 어긋나지 않는 외모와 태도를 갖는 것이 필요하다. 노인을 도울 때는 관심과 욕구, 요구를 고려해서 활동해야 하며, 그 한계를 분명히 하고 지나치게 무리한 행동을 하지 않도록 한다. 또한 노인의 프라이버시를 존중하여 자존심을 상하지 않도록 각별히 유의하여야 한다(구혜영, 2008).

3) 노인이 주체가 되는 사회봉사 활동

사회봉사에 대한 사회적 관심이 높아지면서 '노인에 의한 봉사 활동', 즉 노인이 주체가 되는 사회봉사 활동의 중요성이 대두되고 있다. 미국의 경우 성인 사회봉사자의 비율은 1970년대 이후 매년 200%씩 늘어나는 놀라운 증가세를 보여 왔는데 그 증가의 대부분은 노인에 의해 이루어졌다. 노인 봉사자가 폭증하는 이유는 대체로 건강이나 재정적인 여건이 향상되었거나, 혹은 여유 시간이 늘어나면서 이 시간을 사회적으로 의미 있는 일에 사용하기를 원하는 사람들이 많아졌기 때문이다. 노인의 사회봉사 활동은 노인들에게 사회적인 유용함을 느끼게 해 주고 소외감을 없애 주므로 긍정적인 자아상 형성에 도움을 주고 노인들이 절실히 필요로 하는 의사소통의 기회를 제공해 주면서 퇴직으로 인해 상실했던 사회적 지위와 역할을 보충해 준다. 노인들은 생산적인 노년기를 보내고 싶어 하며, 사회봉사자로 활동하고 있는 노인들은 그들의 도움에 의존하고 있는 개인이나 자선 및 문화 단체, 그리고 지역사회에 커다란 기여를 하고 있기에 노인 사회봉사 활동은 '기적'을 만든다고까지 말할 수 있다. 사회적 활동이 줄어들고 노인들의 역할이 제한되고 있는 현실에서 노인 사회봉사 활동은 사회 구성원으로 자부심을 느끼게 해 주고, 정신적 · 육체적 건강에 도움을 줄 뿐 아니라, 뜻하지 않게 재미있는 경험을 제공해 줄 수도 있다. 사회적 측면에서도 사회봉사 활동을 통해 지역사회와 관계를 맺고 사회에 봉사하여 사회복지에 공헌할 뿐만 아니라 노인 또는 노화에 대한 인상을 긍정적으로 변화시킬 수 있다는 의의가 있다(김동배, 2005).

| 표 4-3 | 노인을 대상으로 한 사회봉사 활동

구분	종류	예
재가노인을 위한 봉사 활동	가정방문봉사	• 봉사자가 도움이 필요한 노인의 집을 방문해서 가사봉사(청소, 세탁, 시장 보기, 식사 준비), 간병봉사(병간호, 병원 동행), 심리사회적 봉사(말벗, 상담, 잔심부름, 편지 써 주기, 정보 제공) 등을 행하는 활동
	주간보호	• 심신이 허약한 노인의 부양자가 낮 동안 노인을 모시지 못할 경우 아침부터 오후까지 일시적으로 노인을 보호해 주는 프로그램으로 급식, 목욕, 기능훈련, 재활, 운동, 오락, 건강 교육 등을 제공
	단기보호	• 일정 기간 동안 숙식을 비롯한 간호 보조, 목욕, 재활, 운동 등을 제공
	호스피스	• 가정, 병원 또는 지역사회의 시설에서 임종을 앞둔 노인과 그 가족을 위하여 제공하는 의료적 · 심리적 · 정서적 지지 프로그램
	안부전화	• 정서적 지지가 필요한 노인을 대상으로 정기적으로 안부전화를 걸어 노인의 일상생활이나 신체, 건강상의 변화 및 문제, 이웃관계 등에 대한 이야기를 나누는 프로그램
시설노인을 위한 봉사 활동	시설환경 정리	• 정리정돈 및 깨끗한 환경유지를 위한 프로그램
	노인 시설 위문공연	• 개인이 아닌 집단으로 구성된 기관 및 단체에 소속된 봉사자들이 각자의 취미 및 특기를 살려 노인들이 집단으로 생활하고 있거나 이용하는 장소에서 위문공연을 하는 프로그램
	급식	• 노인에게 제공되는 음식을 직접 만들거나 보조, 배식, 식사 보조 등을 하는 프로그램
독거노인을 위한 봉사 활동	도시락 배달	• 결식의 우려가 있거나 결식으로 인해 영양공급에 불균형을 초래하는 것을 예방하기 위해 정기적으로 지역사회복지관 또는 단체 등에서 도시락을 제작하거나 배달하는 것에 참여하는 프로그램
	세탁물 배달	• 가정방문을 통해 정기적으로 세탁을 돕거나 세탁실이 있는 복지관 또는 봉사자 가정에서 세탁하여 배달해 주는 프로그램
	외출동행	• 장애가 있거나 근력 위축 및 심리적 위축으로 외출을 못하는 경우 장비 또는 봉사자의 도움으로 일정한 장소나 거주지 주변을 외출할 수 있도록 돕는 프로그램
	독거노인 가정결연	• 가족이나 자녀가 없는 독거노인들에게 가족의 울타리를 제공하는 프로그램
	무의탁 노인 가정방문	• 신체적 · 정신적 · 정서적 장애로 인하여 일상생활을 영위해 나가기 곤란한 혼자 사는 노인의 가정에 자원봉사자가 정기적으로 방문
	노인가정 환경미화	• 안전 및 위생상 문제가 되는 환경을 정리하여 쾌적하고 안전한 가정생활을 할 수 있도록 지원

구분	종류	예
삶의 보람을 증진시키기 위한 봉사 활동	문맹노인 학습 지도	• 배움의 욕구가 높은 노인들을 대상으로 한글, 한문, 산수 등을 가르치는 프로그램
	노인 자서전 쓰기	• 노인들이 지나온 삶을 되돌아 보며 의미 있었던 순간들을 재음미하고 남은 생을 보다 뜻있게 보낼 수 있는 계기가 되도록 해주는 정서적 프로그램
	노인 체육 지도	• 신체적 · 정신적 기능 저하 예방 및 건강증진 체육 활동 프로그램으로 스트레칭, 노래율동, 국민체조, 에어로빅, 레크리에이션, 포크댄스, 단전호흡, 탁구, 배드민턴, 게이트볼 등
	취미 활동 그룹 지도	• 노인들 중에서 유사한 취미, 특기, 욕구상태 등을 파악하여 소그룹을 구성하여 지도함으로써 구성원들 간에 새로운 인간관계 형성을 도모하는 프로그램
	노인 봉사 활동 및 취업알선	• 노인이 즐겁게 할 수 있는 봉사 활동을 연결시키거나 취업알선을 통해 스스로 지역사회에 기여한다는 자부심과 긍지를 높여 생산적인 노년기를 보낼 수 있도록 하는 프로그램

출처: 류기형 외(2004). 자원봉사론. p. 413-418의 내용을 재구성.

노인을 위한 사회봉사 활동 사례

화성시남부노인복지관 주간보호센터 자원봉사 활동

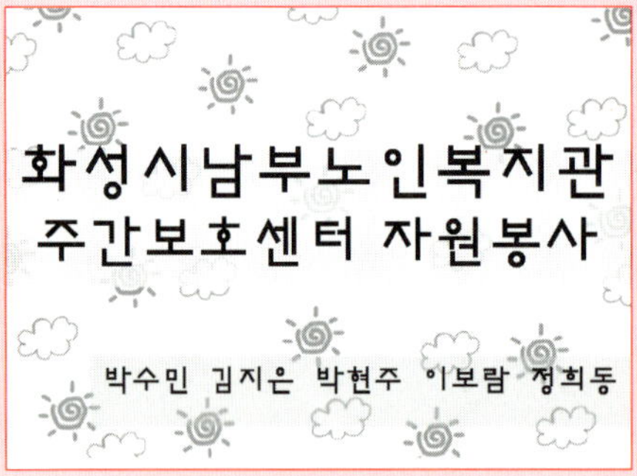

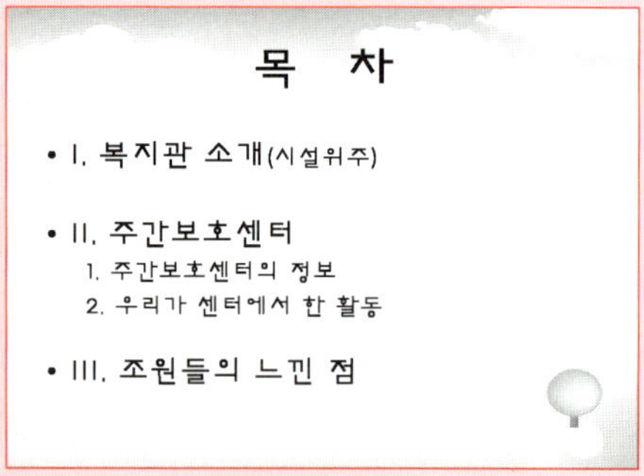

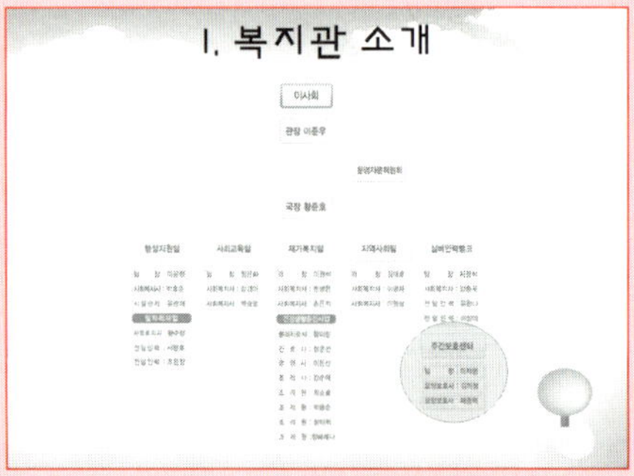

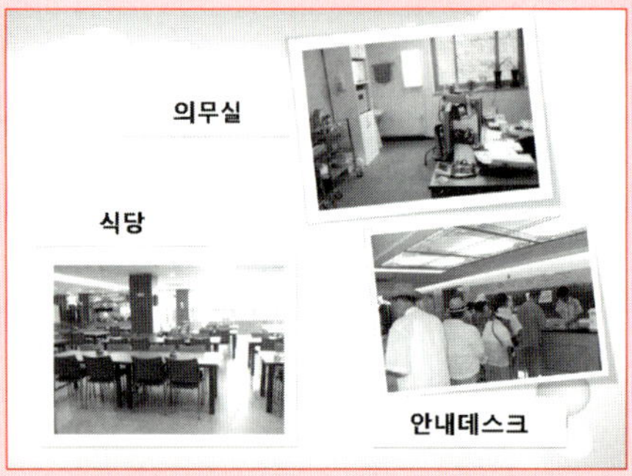

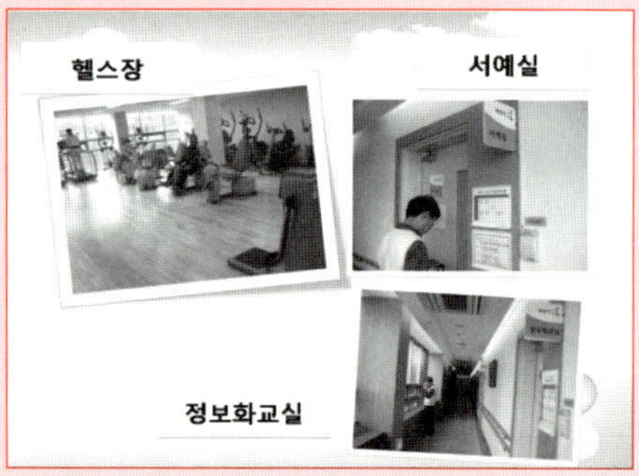

카페
대강당
안마시설

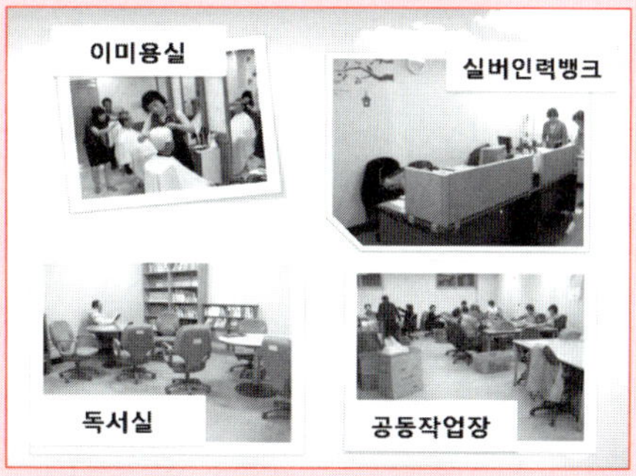
이미용실
실버인력뱅크
독서실
공동작업장

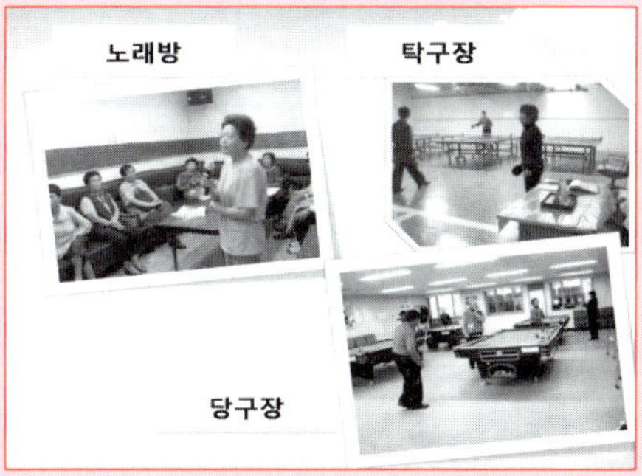
노래방
탁구장
당구장

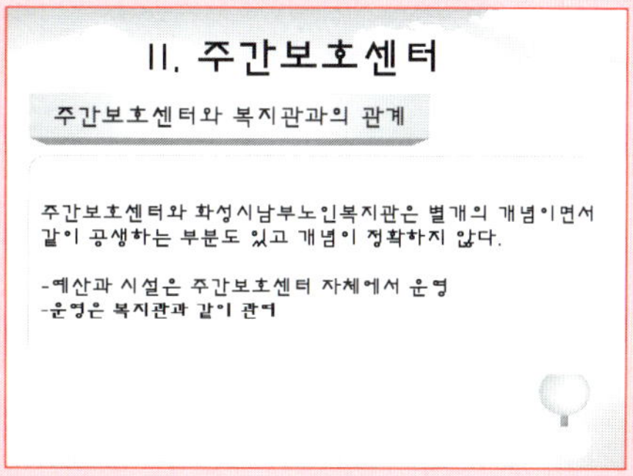
II. 주간보호센터
주간보호센터와 복지관과의 관계
주간보호센터와 화성시남부노인복지관은 별개의 개념이면서 같이 공생하는 부분도 있고 개념이 정확하지 않다.
-예산과 시설은 주간보호센터 자체에서 운영
-운영은 복지관과 같이 관여

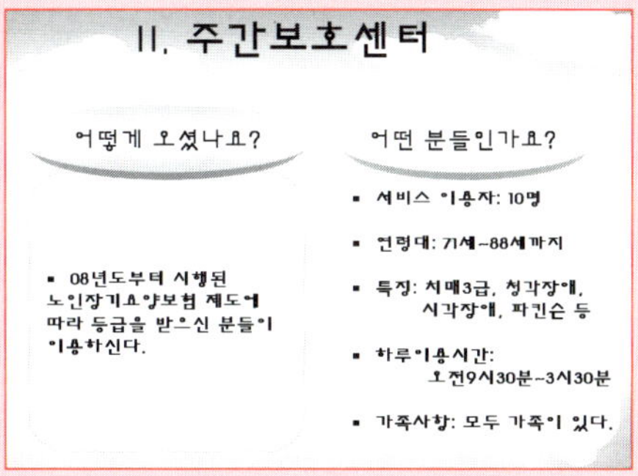
II. 주간보호센터
어떻게 오셨나요?
▪ 08년도부터 시행된 노인장기요양보험 제도에 따라 등급을 받으신 분들이 이용하신다.
어떤 분들인가요?
▪ 서비스 이용자: 10명
▪ 연령대: 71세~88세까지
▪ 특징: 치매3급, 청각장애, 시각장애, 파킨슨 등
▪ 하루이용시간: 오전9시30분~3시30분
▪ 가족사항: 모두 가족이 있다.

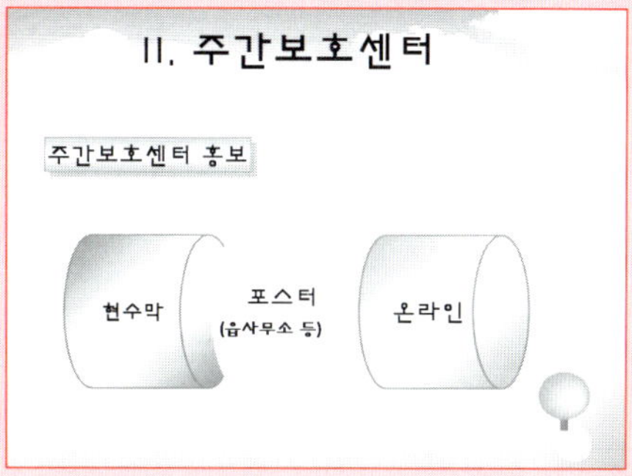
II. 주간보호센터
주간보호센터 홍보
현수막
포스터
(읍사무소 등)
온라인

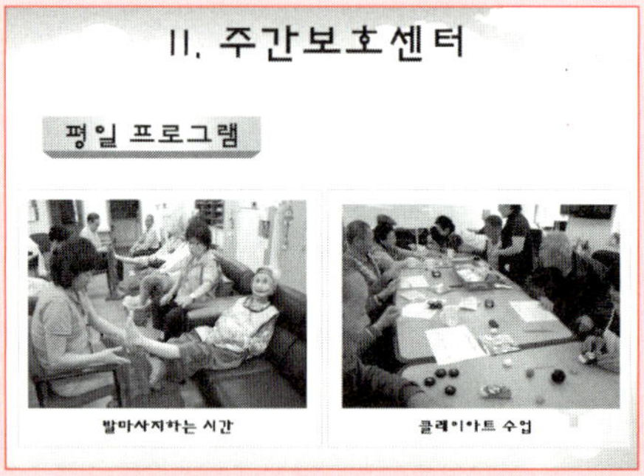

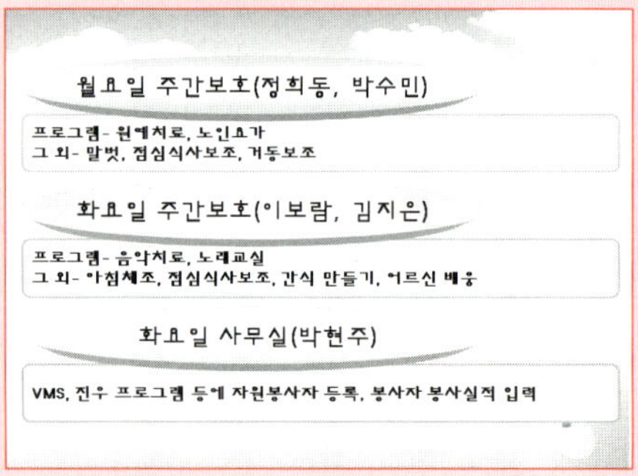

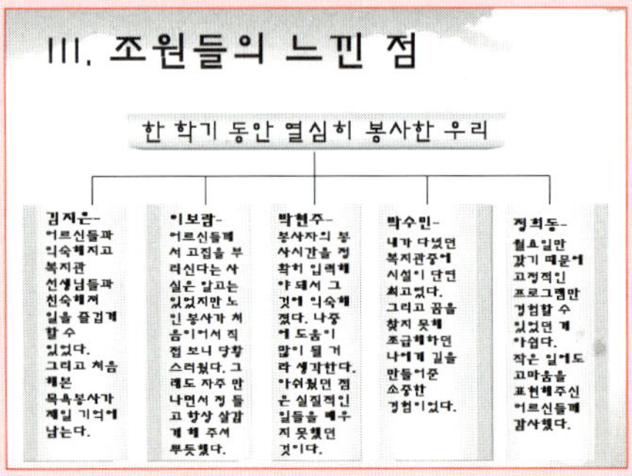

출처: 강남대학교 자원봉사센터.

4. 장애인

우리는 여러 가지 장애를 지닌 장애인들과 함께 하나의 사회를 이루며 살아가고 있다. 그러나 장애인들을 사회의 일원으로 받아들이고 그들의 고통과 어려움을 이해하고 더불어 나누려는 사람들은 그다지 많지 않다. 복지국가를 추구하는 현대사회에서 복지국가란 모든 국민들이 행복하게 살아가는 나라, 어떠한 환경이나 처지에 있는 사람이라도 존엄성을 인정받는 나라, 이런 나라야말로 복지국가라 할 것이다. 즉 몸이 불편하든 가난하든 노인이든 어린이든 관계없이 인간으로서의 존엄성을 인정받고 자기가 세운 인생의 목표를 향해 열심히 일하며 살아갈 수 있는 나라가 곧 복지국가인 것이다.

장애인을 위한 복지도 마찬가지이다. 비록 몸은 불편하지만 한 사회의 구성원으로서 스스로의 목표를 세우고 그 목표를 달성하기 위해 열심히 노력할 수 있도록 해줄 때 장애인을 위한 복지는 실현된다. 그러기 위해서는 사회의 대다수를 차지하는 비장애인들의 이해와 도움이 절실히 필요하다(이용교 외, 1996).

1) 장애인의 특성

장애가 생기는 요인에는 선천적인 것과 후천적인 것이 있다. 선천적인 요인이란 산모가 약을 잘못 먹거나 큰 충격을 받았을 때, 염색체 이상과 같은 유전적인 요인으로 태아가 좋지 않은 영향을 받았을 때처럼 태어날 때부터 장애를 갖게 되는 것을 말한다. 후천적인 요인으로는 아이가 태어나 자라는 동안, 또는 성인이 되어 여러 가지 사고나 재해, 질병 등으로 인해 장애가 생기는 것을 들 수 있다.

오늘날에는 사회가 복잡해짐에 따라 선천적인 요인보다 후천적인 요인으로 인해 생긴 장애가 점점 많아지고 있다. 이러한 사실은 장애는 특별한 사람들만의 것이 아니라 살다 보면 누구나 장애인이 될 수 있다는 것을 일깨워주는 경고이기도 하다.

장애인은 비장애인에 비해 일상생활을 영위하는 데 더 많은 어려움을 가지고 있다. 구체적으로 살펴보면 아래와 같이 크게 세 가지를 들 수 있다(류기형 외, 2004).

첫째, 건강을 유지하는 데 있어서의 어려움이다. 예컨대, 척수손상자에게는 욕창이나 방광 · 직장 장애, 호흡기 합병증이 일어나기 쉽고, 뇌졸중 환자에게는 고혈압이나 심장질환, 당뇨병 등의 합병증을 갖게 되는 경우가 적지 않다. 이러한 것들은 생명을 위협하는 경우도 종종 있는데, 문제가 되는 것은 그 관리가 결코 용이하지 않다는 점이다.

둘째, 일상생활상의 동작을 하는 데 있어서의 어려움이다. 신체운동기능 장애는 그 자체가 저해인자가 된다. 또한 호흡기나 심장에 기능 장애가 있는 사람도 운동부담이 과도한 심장박동이나 호흡곤란을 일으켜서 작업을 계속할 수 없게 만드는 경우도 드물지 않다.

셋째, 사회생활에의 참가가 곤란함에서 비롯되는 어려움이다. 사회생활에의 참가가 곤란한 결과 교육의 기회를 누릴 수 없다든지, 직업이나 경제적인 상태에서의 제약이 있다든지, 친한 사람들이나 지역사회와의 교류가 제한된다든지, 스포츠 · 공연관람 · 여행 등에 참가할 기회를 얻을 수 없는 것도 만족스러운 생활이라 할 수 없는 상태이다.

장애는 유형별로 각기 다른 특성을 나타낸다. 장애 유형별 특성과 이로 인한 어

려움들을 이해하는 것은 장애인을 위한 사회봉사 활동에 도움을 줄 수 있다. 다음 |표 4-4|는 우리나라의 장애인복지법에서 규정하는 장애분류로 총 15개 유형이 있다.

|표 4-4| 우리나라 장애인복지법에 따른 장애분류 및 장애범주

대분류	중분류	소분류	세부분류
신체적 장애	외부 신체기능의 장애	지체 장애	• 절단 장애, 관절 장애, 지체 기능 장애, 변형 등의 장애
		뇌병변 장애	• 중추신경의 손상으로 인한 복합적인 장애
		시각 장애	• 시력 장애, 시야결손 장애
		청각 장애	• 청력 장애, 평형 기능 장애
		언어 장애	• 언어 장애, 음성 장애
		안면변형 장애	• 안면부의 변형으로 인한 장애가 지속되며, 이로 인하여 사회생활 활동이 현저하게 제한
	내부 기관의 장애	신장 장애	• 투석치료 중이거나 신장을 이식받은 경우
		심장 장애	• 일상생활이 현저히 제한되는 심장 기능 이상
		호흡기 장애	• 폐나 기관지 등 호흡기관의 기능 장애로 일상생활 및 사회생활 활동이 제한
		간 장애	• 간의 기능에 장애가 지속되며, 이로 인하여 기본적인 일상생활 및 사회생활 활동이 제한
		장루 장애	• 장루 기능에 장애가 지속되며, 이로 인하여 일상생활 및 사회생활 활동이 제한
		간질 장애	• 간질로 인한 기능 및 능력 장애가 지속되며, 이로 인하여 일상생활 및 사회생활 활동이 제한
정신적 장애	발달 장애	지적 장애	• 지능지수가 70 이하인 경우
		자폐성 장애	• 소아자폐 등 자폐성 장애
	정신 장애	정신 장애	• 정신분열, 분열형 정동 장애, 양극성 정동 장애, 반복성 우울 장애

출처: 김종인 · 우주형 · 이준우 (2010). 장애인복지론. p. 55.

2) 장애인을 대상으로 하는 사회봉사 활동의 종류와 내용

어느 시대나 사회를 막론하고 장애인은 사회봉사 활동의 일차적 대상이 되어 왔다고 할 수 있다. 장애인에 대한 시설보호 중심의 복지에서 지역사회의 재가복지와 사회통합을 강조하는 복지로 전환됨에 따라 장애인을 대상으로 한 사회봉사 활동의 중요성은 점점 더 큰 비중을 차지하고 있다(김범수 외, 2007).

장애인은 '장애' 라는 특수성을 갖고 있을 뿐 아니라 장애의 정도와 유형에 따라 그리고 개인적인 특성에 따라 각기 다른 다양한 욕구를 지녔기 때문에 장애인에 대한 사회봉사 활동을 일률적으로 규정하기는 어렵다(류기형 외, 2004). 장애인의 장애나 부적응행동이 개선되도록 하기 위해서는 그들에게 적절한 도움이 필요하다. 장애인이 비장애인과 접촉하고 그들과 같은 경험을 하고 원하는 활동을 하게 하기 위해서는 무엇보다 기회가 필요하다. 이를 위해서는 가정, 장애인복지 시설, 특수교육기관, 장애인복지 단체 등에서 장애인을 돕는 사회적 지원체계가 갖추어져 있어야 한다. 이 가운데서 장애인을 도와줄 수 있는 인력의 지원이 무엇보다 중요하다(이용교 외, 1996).

장애인을 대상으로 한 봉사 활동에 참여하기 위해서 봉사자는 상대방을 이해하고, 관심을 갖고, 경청하고, 도울 수 있는 준비가 되어야 하며, 치료 · 교육 등 재활의 조력자로서 활동할 준비가 되어 있어야 한다. 또한 장애인의 장애 특성과 그 수준에 따라 필요한 생활용품과 보장구에 대한 사전 지식이 필요하며, 대신해 준다는 생각보다는 장애인이 스스로 하지 못하는 부분을 지원해서 자립하도록 도와준다는 생각이 필요하다. 장애인을 도울 때는 그가 무엇을 원하는지 잘 듣고 행동하는 것이 좋으며, 과잉보호나 과잉염려, 그리고 과잉친절은 금물이다. 보행이나 대화 시에는 장애인 자신의 보조대로 안내하는 것이 좋다. 사실 장애인이 장애를 가졌다는 특수한 제한점을 제외하고는 다른 사람들과 같은 존재라는 것을 명심하고 봉사 활동에 참여해야 한다(구혜영, 2008).

| 표 4-5 | 장애인을 대상으로 한 사회봉사 활동

구분	종류	예
직접적 자원봉사 (자립 기능 향상)	정서적 서비스	• 상담 서비스 • 재활 전화 상담 • 책, 신문 읽어주기 • 장애인 친구 되기
	사회 활동 지원 서비스	• 장애인의 지역사회 시설 이용 지도 및 보조 • 언어소통을 위한 수화통역 • 중증장애인 나들이 보조 • 특수학교 장애 아동 통학 보조
	교육 지원 서비스	• 장애아동 학습 지도 • 장애인 컴퓨터 교육 • 시각 장애인 이동 훈련 보조 • 장애인 사회적응 훈련 지도(대중교통, 외출, 전화걸기, 물건사기 등)
	여가 지원 서비스	• 체육 활동 지도 • 여가선용 보조
	생활 지원 서비스	• 목욕 보조 • 가사 활동 지원 • 반찬 지원 • 이 · 미용 • 장애아동 돌보기
	취업 지원 서비스	• 구인 · 구직 개척 • 장애인 고용 홍보 보조 • 구직 장애인을 위한 취업 상담 • 직업재활을 위한 욕구 분석 보조
	의료 지원 서비스	• 진료 · 치료 보조 • 간병 활동 • 약품구입 대행 • 개인 위생관리(머리손질, 손톱 · 발톱 깎기 등) • 물리치료 및 재활치료 보조
간접적 자원봉사 (사회적 지지)	업무 보조	• 관련 시설 · 단체 업무 보조 • 시각장애인을 위한 녹음서 제작 보조 • 시각장애인을 위한 도서 전산화 • 전국 장애인 체육대회 보조 • 후원자 개발 · 관리 보조 • 장애인 캠프 지도 및 보조
	조사 개발 및 캠페인	• 장애인 관련 조사 연구사업 보조 • 장애인 관련 각종 행사 지원 • 장애인 캠페인 지원

출처: 오효근(2006). 자원봉사의 이론과 실제. pp. 204-205. 재구성.

장애인을 위한 조그만 배려 99가지

1. 장애를 가진 사람에 대한 용어는 장애인입니다. 불구자나 장애자라는 단어는 쓰지 않는 것이 옳습니다.

2. 뇌성마비로 언어 장애가 있고 온몸을 흔든다고 지능이 낮은 것으로 생각해서는 안 됩니다. 뇌성마비의 지능지수는 정상입니다.

3. 지적 장애를 바보 또는 정신박약이라고 놀리고, 나이에 상관없이 반말을 하는데 그들의 인격을 존중해 주어야 합니다.

4. 아침에 시각 장애인을 보면 재수가 없다고 피하는데 그런 낡은 사고방식은 버려야 합니다.

5. 청각 장애인의 언어인 수화를 몇 단어라도 익힙시다. 간단한 인사를 하면 가까운 사이가 될 수 있습니다.

6. 청각 장애인은 알아듣지 못한다고 함부로 말을 하는데 청각 장애인들은 그것을 이미 알고 있습니다.

7. 장애인이 지나가면 발길을 멈추고 쳐다보는 사람들이 있습니다. 그 시선을 장애인들은 고통스러워하므로 주의합니다.

8. 장애인과 눈이 마주치면 먼저 미소를 띠웁니다. 호감을 갖고 있다는 표시가 되어 마음을 편하게 합니다.

9. 비가 올 때 장애인들은 곤란을 느낍니다. 두 손을 목발에 빼앗겨야 하기 때문이죠. 우산을 받쳐 도와주도록 합니다.

10. 택시를 잡으려고 쩔쩔매는 장애인을 만나게 되면 택시를 잡아 태워주는 친절이 필요합니다.

11. 피서지나 놀이 시설에서 장애인을 만나면 '몸도 성치 못한데 왜 여기까지 왔지?' 라는 생각을 합니다. 장애인도 어디든지 갈 수 있는 사람이므로 그릇된 편견은 버리도록 합니다.

12. 엘리베이터 앞에 장애인이 있으면 장애인이 안전하게 엘리베이터를 이용할 수 있도록 열림 버튼을 눌러 주도록 합니다.

13. 건물에 들어서는 장애인을 위해 장애인이 이용하기 쉬운 방법을 안내해 줍니다.

14. 장애인이 회전문 앞에서 쩔쩔매고 있으면 다른 문을 사용할 수 있도록 도와줍니다.

15. 다운증후군에 대해 잘 모르면 누구랑 똑같이 생겼네 하면서 신기해합니다. 다운증후군은 생김새가 비슷하다는 것을 알아둡시다.

16. 장애인을 보고 혀를 차거나 동정 어린 격려 또는 호기심으로 질문하는 것은 삼가도록 합니다.

17. 장애인 부모에게 자녀 중에 또 장애인이 있느냐고 묻는 것은 큰 상처를 주는 일임을 알고 주의합니다.

18. 장애인을 집단화하여 말하는 것은 잘못입니다. 장애인은 특성 있는 개체입니다.

19. 휠체어는 장애인의 몸의 일부입니다. 갑자기 뒤에서 잡고 밀어주면 놀라고 불쾌해 합니다. "도와드릴까요?" 하고 먼저 묻는 것이 예의입니다.

20. 속해 있는 모임이나 직장에 장애인이 들어오는 것을 환영하고 권하는 적극적인 자세를 갖도록 합니다.

21. 장애인 친구를 사귀어 봅니다.

22. 주위에 장애인이 있으면 재활에 필요한 정보가 입수되는 대로 알려주도록 합니다.

23. 산업재해나 교통사고로 인한 중도 장애를 남의 일로 생각하지 말고 장애를 운명이 아닌 사회적 현상으로 인식하도록 합니다.

24. 임산부에게 장애 예방에 대한 정보를 주어 주의하도록 합니다.

25. 장애인 차량 주차공간에는 절대로 차를 세우지 않도록 합니다. 또한 위반차량을 제재하는 적극적인 자세를 가지도록 합니다.

26. 횡단보도를 건너는 장애인을 보면 자동차는 서행하도록 합니다.

27. 어린이가 장애인을 보며 "왜 저래?"라고 물었을 때 "엄마 말 안 들어서 그래"라는 식으로 부정적인 인식을 심어주지 말고 장애에 대해 정확히 설명해줍니다.

28. 모든 부분에 장애인이 함께 해야 한다는 생각으로 자기가 맡고 있는 일에서 장애인에 대한 고려를 합니다.

29. 장애인을 무조건 칭찬하는 것도 편견입니다. 정확히 판단하여 평가해 주는 것이 좋습니다.

30. 휠체어를 다루는 방법을 알아두도록 합니다.

31. 계단 앞에서 곤란을 겪는 휠체어 장애인을 보면 지나가는 사람 두세 명을 모아 휠체어를 들어 계단을 이용할 수 있도록 도와줍니다.

32. 뇌성마비 장애인에게 음료수를 권할 때는 빨대를 꽂아서 내놓는 것이 좋습니다.

33. 어떤 건물에 들어온 장애인에게 무슨 일로 왔느냐고 따지듯이 묻는 것은 잘못입니다. 와서는 안 될 잡상인 취급을 해서는 안 됩니다.

34. 휠체어 장애인과 대화를 나눌 때는 눈높이를 맞추는 것이 예의입니다. 앉거나 구부린 상태에서 대화를 나누도록 합니다.

35. 시각 장애인이 길을 물으면 전후좌우로 정확히 알려주어야 합니다.

36. 시각 장애인과 동행할 때는 팔을 내주어 팔짱을 가볍게 낀 상태에서 반보 정도 앞장서서 걷는 것이 좋습니다.

37. 시각 장애인의 안내견을 무서워하지 말고 자연스럽게 대해줍니다.

38. 시각 장애인이 물건을 사려 할 때 물건에 대한 설명을 자세히 해줍니다.

39. 시각 장애인이 음식점에 찾아오면 메뉴를 가격과 함께 설명해 주고 식사를 내온 후, 음식의 위치를 설명해 주는 것이 예의입니다.

40. 시각 장애인을 만나면 반드시 악수를 하며 자기소개를 말로 해야 합니다.

41. 시각 장애인에게 위험한 물건은 가까이 놓지 말고 그런 물건이 있다는 것을 말로 알려주도록 합니다.

42. 절단 장애인 중 오른쪽 의수를 사용하는 사람은 악수를 청하면 당황해하는 경우가 있습니다. 왼손으로 바꾸어 악수를 청하도록 합니다.

43. 청각 장애인은 공중전화 박스 앞에서 전화를 걸어줄 사람을 찾고 있습니다. 대신 전화를 걸어 도움을 줍니다.

44. 청각 장애인이 대화에서 소외되지 않도록 필담으로 중간중간 내용을 전해주고 얘기할 기회를 주어야 합니다.

45. 각 장애인과 대화를 나눌 때는 마주보고 입 모양을 정확히 하여 말해야 합니다.

46. 지적 장애인이 옆에 오면 피하는데 그런 일이 없도록 하고 무슨 도움이 필요한지 살피면서 보살펴 주도록 합니다.

47. 장애인이 있는 가정을 방문하면 장애인에게 먼저 가서 인사를 하고 같이 어울리도록 합니다.

48. 장애인과 결혼을 하는 것이 큰 불행인 양 말하지 말고 축하와 격려를 보내 줍니다.

49. 학교에 장애인이 다니면 관심을 갖고 친구하기를 주저하지 않도록 합니다.

50. 직장에 장애인이 있으면 특별대우로 소외시키지 말고 자연스럽게 어울리도록 합니다.

51. 장애인과 함께 음식점에 갈 때는 장애인에게 편한 장소를 찾도록 합니다.

52. 장애인의 마음을 상하게 하지 않으려고 지나치게 신경을 쓰는 것은 오히려 부담을 줍니다. 자연스러운 대화가 좋습니다.

53. 장애인이 도움을 요청할 경우 낯설어하거나 이상하게 생각하지 않도록 합니다.

54. 장애인 시설을 방문하는 것을 정규화합니다.

55. 언제 어디에서나 자원봉사자가 되도록 합니다.

56. 자기가 살고 있는 곳의 주변 환경이 장애인에게 적합한지를 살펴보고 불편한 점이 있으면 지적해 주고 개선하도록 노력합시다.

57. 장애인 문제에 늘 관심을 가지도록 합니다.

58. 승차 시 장애인에게 넓은 자리를 권하고, 구석으로 들어가도록 권하지 말아야 합니다.

59. 화장실이 좌변기라는 정보를 주는 것이 좋습니다.

60. 음료수를 사양하면 억지로 권하지 않는 것이 예의입니다.

61. 대화를 나눌 때 무엇을 못 해보았을 것이라는 전제를 하는 것은 잘못입니다.

62. 척수 장애인들은 소변이나 대변을 실수할 수가 있습니다. 그런 실수를 자연스럽게 받아들여야 합니다.

63. 중도 장애인에게 사고 경위에 대해 꼬치꼬치 묻는 것은 실례입니다.

64. 성생활이 불가능하다고 생각하는 것은 잘못입니다.

65. 장애인에게 어려움만을 질문하는 것은 불쾌한 일입니다.

66. 함께 있다가 장애인만 놔두고 나가는 것은 예의가 아닙니다.

67. 목발을 사용하는 장애인과 걸을 때 보조를 맞추려고 노력합니다.

68. 휠체어 사용자는 뒤에서 휠체어를 밀어주는 것보다 옆에서 함께 걷는 것을 더 좋아할 때가 있습니다. 휠체어를 혼자서 밀 수 있으면 도움을 주지 않는 것이 좋습니다.

69. 장애인의 친구는 모두 장애인이라는 생각은 잘못입니다.

70. 목발이나 휠체어를 갖고 장난을 치는 것은 예의가 아닙니다.

71. 장애인 가정을 방문할 때는 반드시 전화로 허락을 받고 집에서 한 약속이라도 시간을 잘 지키도록 합니다.

72. 장애인을 돕는 사람을 천사인 양 칭찬하는 것은 좋은 일이 아닙니다.

73. 장애인은 모든 유희에서 제외되어야 하는 듯 생각하는 것은 잘못입니다.

74. 여성 장애인들이 미에 관심을 두는 것을 어울리지 않게 생각하면 안 됩니다.

75. 장애여성이 결혼하여 가정생활을 하는 것을 이상한 시선으로 바라보아서는 안 됩니다.

76. 부모가 장애인이라고 자녀가 남들과 다를 것이라고 생각하면 안 됩니다.

77. 음식점에 장애인 손님들이 들어오면 자리를 피하려고 하는 사람이 있습니다. 그것은 있을 수도 없는 일입니다.

78. 장애인 손님이 들어오면 반가워하지 않는 영업집이 있습니다. 그런 영업집은 장사를 할

자격이 없습니다.

79. 쇼핑을 할 때 물건을 샅샅이 살피지 못할 때가 있습니다. 물건을 내려주어 가까이에서 볼 수 있도록 해주는 것이 예의입니다.

80. 무거운 물건을 들고 가는 장애인을 보면 방향을 물어 잠시라도 들어주는 여유를 가지도록 합니다.

81. 빨리 뛰다가 장애인과 부딪치면 장애인은 여지없이 쓰러집니다. 부딪치지 않도록 주의합니다.

82. 넘어진 장애인을 일으켜 세워 주는 것을 주저하지 않도록 합니다.

83. 장애인에게 부탁을 받았을 때 망설이지 말고 응낙을 합니다. 머뭇거리면 장애인은 거절로 이해합니다.

84. 사람이 많이 모이는 장소에 가면 장애인들은 움직임이 불편해집니다. 길을 만들어주는 것이 예의입니다.

85. 휠체어에 부딪쳤을 때 노골적으로 언짢은 표정을 짓고 그 자리에서 먼지를 털어 내는 것은 실례입니다.

86. 건물 내에 장애인용 공중전화, 호출버튼이 없으면 도움이 필요한 휠체어 장애인은 곤란을 느낄 수 있으니 꼭 설치하도록 합니다.

87. 술에 취해 장애인에게 시비를 거는 사람이 있으면 주위에서 제지를 해주는 것이 좋습니다.

88. 바닥에 물이 있으면 미끄러지기 쉽습니다. 물이 있다고 알려주는 친절이 필요합니다.

89. 장거리 여행으로 비행기나 기차를 타고 가다 옆 좌석에 장애인이 앉는 경우가 있습니다. 이때 불편한 것이 있으면 얘기하라고 먼저 말을 건넵니다.

90. 장애인은 자판기 커피를 뽑아 움직이는 것이 곤란합니다. 앉는 장소까지 배달을 해주는 것이 좋습니다.

91. 자기 집에 장애인을 초대하는 것을 일반화합니다.

92. 목발을 장애인 곁에서 먼 곳에 갖다 놓는 것은 실례입니다.

93. 장애인에게 의자를 권할 때는 딱딱한 의자로 팔걸이가 있는 것이 좋습니다.

94. 뇌성마비인들이 비틀거리고 걸을 때 부축해주면 오히려 불편을 주게 됩니다.

95. 여성 장애인을 도와주며 성적인 농담을 하는 것은 잘못입니다.

96. 결혼여부를 물을 때 "안 하셨어요?"보다 "하셨나요?"와 같이 긍정형 질문으로 표현하는 것이 좋습니다.

97. 장애인이 결혼하면 자녀도 장애인일 것이라는 생각은 큰 오류입니다.

98. 시각 장애인 가정을 방문했을 때는 물건의 위치를 함부로 바꾸어 놓아서는 안 됩니다. 그 위치로 시각 장애인들은 물건을 찾게 됩니다.

99. 장애인이 나와 다르다는 생각은 버려야 합니다.

출처: 전선주(2010). 네잎클로버 편들기-장애학생들과 함께하는 행복한 교단수필. 서울: 학지사.

5. 다문화가족

다문화가족이란 한 가족 내에 다양한 문화가 공존하는 것을 의미한다. 다문화가족에는 한국인 남성과 결혼한 이주 여성 가족, 한국인 여성과 결혼한 이주 남성 가족, 외국인 근로자나 유학생에 의한 이주민 가족이 포함된다. 다문화가족은 최근 그 수가 급격히 증가하고 있어 이들에 대한 사회적 관심과 지원이 확대되고 있는 실정이다.

다문화가정은 한 가정 안에 다양한 문화가 공존함으로 인해 다른 가정과는 구별되는 갈등 상황에 놓일 수 있다.

먼저 문화적 갈등과 언어의 문제이다. 특히 결혼 이주 여성의 경우 남편과의 문화적 갈등과 언어 문제로 인해 부부갈등을 경험하게 되는 경우가 많다. 이러한 갈등은 가정폭력이나 이혼 등 보다 심각한 문제로 발전할 수 있다. 여성가족부의 자료(2008)에 따르면 국제결혼 이주 여성을 대상으로 한 조사에서 최근 1년간 가정폭력을 경험한 적이 있다고 응답한 여성의 비율이 47.7%로 나타났다. 이는 일반가정의 가정폭력 발생률인 40.3%보다 높은 수치이다. 다문화가정 내에서의 부부 갈등은 부부 사이의 문제로 끝나는 것이 아니라 자녀들의 발달에도 부정적인 영향을 미칠 수 있다.

다문화가정 자녀들의 경우 언어 습득과 학업수행능력에 있어서 어려움을 경험하기 쉽다. 즉, 부모의 모국어가 다름으로 인해 2개 이상의 언어를 습득할 수 있다는 장점을 가지고 있기도 한 반면, 많은 경우 자녀 양육을 담당하는 어머니가 한국말에 능숙하지 못함으로 인해 한국어 습득은 물론 학교 과제물 관리나 기타 학업을 수행하는 데 있어서 어려움을 경험하게 된다.

다문화가정의 아동들이 경험할 수 있는 심리적 문제로는 정체성의 혼란 문제를 들 수 있다. 특히 한민족이라는 자긍심과 문화적 배타성이 존재하는 한국 사회 환경은 아동들에게 자신의 민족적 · 문화적 정체성에 대한 혼란을 가져오기 쉽다. 선행 연구들은 다문화가정 자녀들의 경우 또래들과 잘 어울리지 못하고 소외되는 경향이 있으며, 이는 학교생활에서의 적응 실패나 집단 따돌림으로 발전될 수 있다고 보고한다(조영달, 2006; 김병순, 2007).

1) 다문화가정을 대상으로 하는 사회봉사 활동의 종류와 내용

다문화가정을 위한 사회봉사 활동의 종류와 내용을 요약해보면 다음과 같다.

첫째, 결혼이민자나 그 가족 구성원들과의 직접적 접촉을 통해 도움을 제공하는 직접적 활동을 말할 수 있다. 이를 좀 더 구체적으로 살펴보면, 먼저 심리 · 정서적 지원으로는 결혼이민자를 대상으로 한 상담이나 그 가족을 대상으로 한 상담과 치료 등을 들 수 있다. 또한 다문화가정 간에 자조 모임을 결성함으로써 심리 · 정서적 지지는 물론 필요한 정보를 공유하는 등 다양한 도움을 얻을 수 있다.

교육적 지원으로는 결혼이민자에 대한 한국어 교육이나 한국 문화 교육이 실시되고 있으며, 결혼이민자의 문화를 이해하고 서로 간의 갈등을 감소시키고자 배우자를 비롯한 가족 구성원들을 상대로 다문화 교육을 실시하고 있다. 또한 사회봉사 활동을 통해 자녀를 올바로 양육할 수 있도록 하는 부모 교육을 제공하는 것이 가능하다. 생활에 직접적인 어려움을 야기하는 언어 장벽의 문제를 해결하기 위해 통번역 서비스를 제공할 수도 있을 것이다.

자녀 양육과 관련된 측면으로는 자녀들이 언어 발달이나 학업 수행 능력에 있어서 일반가정의 아동보다 뒤처지는 일이 없도록 이들의 언어구사능력과 학습을 지도해주는 활동이 이루어질 수 있으며, 그 밖에 다문화가정 자녀들이 또래와 긍정적인 관계를 형성할 수 있도록 이들의 사회성을 향상시키는 프로그램이 사회봉사의 내용으로 포함될 수 있다.

다문화가정의 자립 지원에서는 결혼이주자들이 경제적으로 자립하여 사회에 기여할 수 있도록 이들의 취업과 창업을 지원해 주는 활동들을 생각해 볼 수 있다. 취업과 창업에 필요한 사항들을 교육하고 관련된 정보를 제공해 주는 일이 가능하다. 뿐만 아니라 가정폭력과 같은 심각한 문제에 직면한 결혼이주자들을 대상으로 위기 개입을 하고 이들을 쉼터에서 안전하게 보호하는 것도 매우 중요하다.

둘째, 다문화가족을 대상으로 하는 사회봉사 활동 중 간접적 활동으로는 행정업무를 보조하거나 차량을 지원하는 일, 가정폭력 등 인권 피해 사례에 대해 감시하는 일, 다문화가정과 관련한 사회조사를 시행하거나 이들을 위한 정보지를 제작하는 일, 그리고 다문화에 대한 인식 개선을 위해 캠페인을 벌이거나 다문화가정 지원을 위한 각종 공연과 전시회를 계획하고 수행하는 일들이 모두 포함된다.

| 표 4-6 | 다문화가정을 대상으로 한 사회봉사 활동

구분	종류	예
직접적 활동	심리 정서적 지원	• 결혼이민자 상담 • 가족 상담 및 치료 • 자조 집단 결성 및 운영
	교육 지원	• 한국어 교육 • 한국문화 교육 • 가족을 대상으로 한 다문화 교육 • 자녀양육방식에 대한 부모 교육
	언어 지원	• 통 · 번역 서비스 제공
	자녀 양육 지원	• 다문화가족 자녀 언어발달 지원 • 다문화가족 자녀 학습 지도 • 다문화가족 자녀 사회성 향상 프로그램 제공
	자립 지원	• 취업/창업을 위한 지원(취업/창업을 위한 교육, 정보 제공, 일자리와의 연계)
	보호 활동	• 위기 개입 • 쉼터
간접적 활동	업무 보조	• 다문화가정 단체 및 시설의 행정 업무 보조 • 차량 지원
	조사 · 감시 활동 및 정보 제공	• 가정폭력 등 인권 피해 사례 감시 • 다문화가정에 대한 사회조사 • 다문화가정 관련 정보지 제작 • 결혼이민자나 그 자녀를 위한 교재 제작
	이벤트 및 캠페인	• 다문화인식 개선을 위한 캠페인 • 다문화가족을 위한 각종 공연과 전시회

다문화가족을 위한 사회봉사 활동 사례

사례1 대학생 다문화 서포터즈

'대학생 다문화 서포터즈'는 국내 대학생과 해외 유학생이 한 팀을 이뤄 다문화와 관련된 활동을 추진함으로써 대학생 간의 교류와 소통의 기회를 확대하기 위해 마련된 사업으로, 문화체육관광부 후원, 한국대학신문사 주최로 시도되었다. 2009년에 선발된 81명의 대학생들 중에는 중국, 일본, 케냐, 프랑스 출신의 외국인 유학생들도 포함되어 다문화적 관점에서 다양한 활동들이 적극적으로 펼쳐졌다. 이들은 몇 개의 팀으로 구성되어 다문화사회의 정착이라는 주제로 3개월 동안 다양한 활동들을 펼쳤다. 수상 팀인 한누리 팀은 대전지역 생활정보지인 '한마음지도' 만들기, 인터내셔널 푸드 페스티벌 참여, 유학생 논문작성 지원, 다문화 서포터즈 블로그 운영 등의 활동을 벌였고, 세상바라기 팀은 이주노동자센터 방문, 다문화인식조사 캠페인 활동 등을 진행했다.

사례2 이화여자대학교 동아리 '다정'

'다정(多情)'은 국제결혼을 통해 한국에 온 이주 여성들과 국제결혼가정 1세대의 어린이들에 대한 사회적 편견 또는 사회적응의 어려움을 극복하기 위해서 노력하는 동아리이다.

다정에서 이루어지고 있는 다양한 활동 내용 중 하나인 '버디 활동'은 이주 여성의 한국어 교육과 문화 교육 활동이다. 일주일에 1회 한국이주여성인권센터에서 교육을 실시하거나 이주 여성 가정방문을 통해 1:1 한국어 교육 그리고 친구 되기를 한다. 한편 격월로 문화체험학습주간을 통해 실생활에서 필요한 여러 가지 표현 배우기와 한국문화공부를 실시하고 있다. 특히, 다정의 한국어 교육은 다정에서 부교재를 자체 제작하여 활용하고 있으며 직접 일상생활에서 유용하게 쓸 수 있는 실용적인 한국어 교육을 위해 언어 교육과 문화체험(찜질방, 노래방, 장보기)이 함께 어우러지도록 진행되고 있다.

사례3 청소년다문화 지원 소셜네트워크 'One2help'

'One2help'는 '1% 나눔'을 모토로 만들어진 청소년다문화 지원 소셜네트워크이다. "Want to help:1+2가 만들어내는 행복한 나눔"이란 의미의 'one2help'는 청주 결혼 이민자협회 '아로마 이야기 공방'의 천연 비누 상품을 기획, 개발, 협조, 판매하는 사회적 기업으로서 다문화가정의 경제적 자립과 창업을 지원하고 있다. 또한 'one2help'는 청소년들의 자발적 봉사동아리 역할을 하며, 다문화 영어캠프, 홈스쿨 교육지원봉사, 환경정화 운동 등의 사회봉사, 타 동아리와의 연합으로 진행하는 '미등록 이주 아동의 사회적 기본권 보장'에 관한 심포지엄 등 다양한 봉사 활동을 펼쳐 나가고 있다. 또한 국제기아대책기구와 협약하여 공정무역 상품을 판매하며, 수익금 전액을 모자이크 다문화지역센터의 행복한 홈스쿨을 위해 지원하고 있다.

생각 다듬기

1. 사회봉사의 대상에는 어떤 이들이 있나요? 앞에서 제시한 아동, 청소년, 노인, 장애인, 다문화가족 이외에도 어떤 이들이 있는지 함께 찾아서 이야기 나눠 봅시다.
2. 사회봉사 활동 시 봉사의 대상에 따라 다르게 주의를 기울여야 하는 이유에 대해 토론해 봅시다.
3. 특별히 관심이 가는 대상에 따라 그룹을 나눠 함께 할 수 있는 사회봉사 활동을 만들어 봅시다.

제5장

사회봉사의 영역

사회봉사 활동은 다양한 영역에서 많은 사람들을 대상으로 진행되고 있기 때문에 매우 포괄적이다. 따라서 하나의 기준으로 분류하여 설명하기란 쉽지 않다(김영호 외, 2009).

사회봉사는 크게 활동의 장과 대상, 과업의 성격, 개입방법에 따라 분류할 수 있다. 활동의 장은 국제사회, 지역사회, 사회복지 시설, 학교 · 병원 등으로 나뉘며, 활동의 대상은 아동, 청소년, 노인, 장애인 등으로 나뉜다. 과업의 성격은 직접적 원조, 예방적 활동, 전문적 활동, 일반적 활동 등으로 나뉘며, 개입방법은 직접적 개입(대부분의 활동 해당)과 간접적 개입(이사/위원으로 활동)으로 나뉜다. 또한 공동체의 기능에 따라 분류하기도 한다(김동배, 2005).

이처럼 사회봉사 활동 영역은 매우 다양한데 여기서는 사회복지 시설, 대학교, 동네, 기업, 병원에서와 같이 비교적 우리들 가까이 있는 현장에서 할 수 있는 활동들과 더 나아가 시민 단체와 교회를 통해서 할 수 있는 활동 그리고 세계와 더불어 할 수 있는 활동으로 총 여덟 가지 영역으로 나누어 살펴보고자 한다.

1. 사회복지 시설에서의 사회봉사 활동

1) 사회복지 시설 사회봉사의 중요성

인간다운 삶 안에는 제도적 복지시책이 완벽하게 갖추어졌다고 할지라도 충족될 수 없는 부분이 있다. 그것은 인간적인 정, 마음의 나눔에서 오는 만족감이다. 이 부분은 이웃과의 관계 속에서 얻어질 수 있다. 이런 정서적 만족감을 얻지 못한 사람에게는 사회부적응 행동이 일어나기가 쉬운데 특히 육아 시설에서의 정서적 안정은 시설생활 아동의 일생을 좌우하는 중요한 요인이 된다. 이웃과의 관계를 올바로 맺는 것 그 자체가 바로 봉사 활동이라고 할 수 있다(류기형 외, 2004).

2) 사회복지 시설의 기능과 봉사자 활용

사회복지기관과 시설은 그 종류와 수가 매우 많고, 지역사회 구성원 전체 혹은 일부 특정 집단의 기본적 욕구 미충족 문제나 사회문제로 인한 각종 비복지 문제를 직접적으로 다루는 조직이다. 게다가 사회복지기관과 시설은 지역사회에서 사회복지서비스를 제공하는 핵심적 거점이 되므로 그 중요성은 매우 크다. 이러한 점에서 사회봉사 활동의 일차적 관심의 표적이 되기 때문에 가장 대표적인 사회봉사 활동 현장으로 활용되고 있다(남기철, 2007).

사회복지 시설의 주요 기능은 첫째, 일상생활의 원조, 가정을 대신해서 보호하는 기능과 다음으로는 일반가정에서는 행할 수 없는 장애의 치료, 개선, 교육 등을 전문적으로 담당하는 기능으로 대별할 수 있다. 사회복지 시설의 기능에 따라서 생활 서비스를 위한 기능, 치료훈련 서비스를 위한 기능 등의 다양한 역할을 가지며, 그 형태도 수용형, 통원형, 이용형이 있고 수용 형태도 집단형, 가정형으로 나뉜다. 또한 시설의 지역사회와의 관계 상태에 따라 폐쇄형, 개방형으로 분류하기도 한다.

사회복지 시설은 사회경제적으로 가정에 어려움이 있는 사람이나 심신의 장애로 인하여 전문적 치료, 교육훈련 없이는 자립생활이 어려운 사람들의 '생활의 장' 으로서 물적 · 심리사회적 환경조건을 갖추어 자립생활이 가능하도록 돕는 것이 그 일차적 역할이다. 그러나 수용보호자의 자립은 신체적 자립에서 정신적 · 사회적 · 경제적 자립에 이르기까지의 제반 과정이 필요하다. 그리고 현 생활은 유지 · 보호하면서 자립을 촉진하는 과정을 개발 · 향상시키는 것과 다양한 사회복지 시설의 기능에 봉사자를 적극 활용하여 그 기능을 강화시켜 나가는 것이 시설의 목적에 포함되어 있다(류기형 외, 2004).

3) 우리나라 사회복지 시설의 현황

사회복지 시설은 그 분류기준에 따라 다양한 종류로 구분해 볼 수 있는데 시설종류별로 2001년부터 2009년까지의 현황은 다음의 |표 5-1|과 같이 증가해 왔음을 알 수 있다. 2009년 말 현재 보건복지부 소관 사회복지 시설수는 3,770개소이며,

|표 5-1| 사회복지생활 시설수, 생활인원 및 종사자수: 시설종류별(2001~2009)

구분	시설수 (개소)	생활인원			종사자 (명)
		계	남	여	
2001	929	80,942	42,912	38,030	19,188
2002	941	81,030	40,952	40,078	20,464
2003	1,015	82,877	41,536	41,341	24,743
2004	942	79,818	40,340	39,478	23,813
2005	1,459	93,183	43,999	49,184	29,752
2006	1,836	101,587	46,027	55,560	35,027
2007	2,296	114,047	48,329	62,265	39,781
2008	2,921	133,576	53,849	79,727	51,562
2009	3,770	142,254	56,459	85,795	62,183
장애인복지 시설	397	23,243	14,148	9,095	11,869
아동복지 시설	280	17,586	10,105	7,481	5,278
노인복지 시설	2,992	79,537	18,792	60,745	42,261
부랑인 시설	37	9,266	6,046	3,220	759
정신요양 시설	59	12,111	7,137	4,974	1,916
결핵 및 한센	5	511	231	280	100

출처: 보건복지부 사회서비스자원과. 2010 보건복지통계연보. p. 201.

생활인원은 142,254명으로 나타났다.

사회복지 시설 및 수용자는 사회복지사업법 제34조, 노인복지법 31조, 모자복지법 19조 등에 의한 생활 시설 및 동 시설에 수용된 인원수이며, 노인복지 시설은 65세 이상 노인인구를 대상으로 양로 시설(노인공동생활가정 포함)을 비롯하여 노인요양 시설(노인요양공동생활가정 포함) 등이 있으며, 장애인복지 시설에는 심신장애자 보호 및 재활을 위한 수용 시설 등이 있고, 영 · 육아 수용 시설은 부모가 없거나 부모의 양육능력이 없는 18세 미만자의 보호 시설 등이 있다.

4) 사회복지 시설에서의 사회봉사 활동

사회복지 시설에서 활동할 때는 그 시설의 목적과 사업내용에 대한 올바른 이해가 필요하다. 방문하고자 하는 시설의 목적과 사업의 내용을 알고 이해한 다음 봉사 활동을 시작하는 것이 좋다. 봉사자의 지식과 경험도 활동에 있어서 중요하지만 그 시설에서 필요한 내용이 무엇인지를 파악하여 그 시설의 여건에 맞추어 활동에 참여하는 자세가 필요하다. 사회복지 시설의 대부분은 지역사회와 일정한 거리를 두고 있으며, 시설에는 생활 집단의 특성상 필연적으로 폐쇄성이 있으므로 시설과 지역사회와의 거리를 좁히는 교량역할이 필요하다. 성급하고 즉흥적이며 일방적인 약속은 의타심 형성 등의 문제를 발생시킨다. 봉사 활동 과정에는 생활정보, 취업정보, 건강유지에 관한 정보 등 많은 정보가 필요하나 이때 제공되는 정보는 반드시 재점검이 필요하며 신빙성이 있어야 한다(구혜영, 2008).

시설에서의 봉사 활동은 보호를 받고 있는 사람에게나 직원들 그리고 시설 자체를 위해서도 지속하는 것이 좋다. 시설에서 생활하는 사람들은 대다수의 경우가 부득이한 사정과 어려움으로 고통을 겪은 사람들로 다른 이들에게 거절 받은 경험이 있어 사람들을 쉽게 신뢰하지 못하게 한다. 따라서 이러한 사람들에게는 봉사자가 자주 바뀌지 않는 안정된 인간관계가 필요하다. 그러나 부득이한 사정에 의해 봉사 활동을 중단하고자 할 때에는 정중한 인사가 선행되어야 하며, 다음 봉사활동 참여자에게 지금까지 관계의 내용에 관한 상세한 인수인계가 필요하다(류기형 외, 2004).

사회복지 봉사 활동의 출발

사회복지 봉사 활동 인증관리 VMS

클릭~!! http://www.vms.or.kr/

시간도 있고 봉사 활동도 하고 싶은데 언제, 어느 곳에서 봉사 활동을 시작해야 할지 잘 모르시겠다고요? 그럼 위 사이트를 방문해보세요. 가장 손쉽게 사회복지 시설을 비롯한 다양한 사회복지 봉사를 아래와 같은 과정에 의해 실천할 수 있답니다.

신청 → 교육 → 배치 → 참여 → 평가 → 인증서 발급

↑ 사회봉사를 희망하는 개인 또는 단체는 이렇게 신청해 주세요!

❶ 인터넷을 통한 신청 – 홈페이지에 자원봉사자로 등록 후

- **방법1:** [자원봉사자 모집] 메뉴에서 본인이 원하는 봉사 활동을 조회 → 봉사 참여하기 버튼을 눌러 참여자 리스트에 등록 → 인증센터나 수요처와 연결 → 실제 봉사 활동에 참여
- **방법2:** [자원봉사 희망] 메뉴에 원하는 사회봉사 활동사항을 등록 → 인증센터나 수요처와 연결 → 실제 봉사 활동에 참여

❷ 전화 · 방문을 통한 신청 – 홈페이지에 자원봉사자로 등록 후

- **방법1:** [봉사 활동처 조회] 메뉴에서 원하는 인증센터를 조회 → 인증센터의 자원봉사담당자인 인증요원과 전화 상담 → 실제 봉사 활동에 참여
- **방법2:** 자원봉사 안내전화 (국번없이) 1688-1090으로 전화 → 가까운 지역관리본부(시도 사회복지협의회)로 연결되어 전화 상담 → 실제 봉사 활동에 참여

□ 봉사자를 위한 특전도 있어요!

- 취업 및 입학 등에 활용할 수 있는 사회복지 봉사 활동 실적인증서 발급
- 우수봉사자에 대한 각종 훈 · 포상 추천 및 표창 수여
- 봉사 활동 중 신체적 · 물질적 사고 대비 보상체계 마련
- 봉사 활동에 대한 사회적 안정성 보장을 위하여 활동 봉사자에 대하여 상해보험 가입
- 일정 시간 이상 봉사 활동 참여 실적 대상자에 대한 자원봉사자 배지 수여 등
- 다양한 문화이벤트(영화 시사회, 뮤지컬, 연극, 콘서트, 놀이공원, 미술관 등) 초청
- 건강검진, 사이버 대학 장학금, 콘도 할인 등

2. 대학교에서의 사회봉사 활동

대학은 진리를 발견하고 창조하는 곳이다. 그리고 진리를 탐구할 뿐 아니라 탐구한 진리를 전달하고 교수하는 곳이며, 탐구되고 전달된 진리는 다시 지역사회로 환원되어야 한다. 대학의 사회봉사는 학문탐구와 교육 활동 자체를 통해 이루어지는 것이기도 하지만, 자신이 가진 지식과 기술을 사용하여 지역사회의 문제해결과 지역주민의 삶의 질 향상을 위해 직접 노력할 수도 있다.

현대사회에서 대학과 국가 혹은 지역사회의 공동 운명체적인 환경이 조성되면서 점차 대학의 사회봉사 기능이 강조되고 있다. 오늘날 전 세계적으로 대학의 사회봉사 기능을 강조하여 대학 구성원 모두가 지역사회를 위한 봉사 활동에 직·간접적으로 관여하고 있다. 우리나라는 1980년대 후반부터 전국 각 대학에서 사회봉사 활동에 관심을 가져오고 있다(현외성, 2011).

1) 대학 사회봉사 활동의 필요성

대학의 구성원 중 대학생이 사회봉사 활동에 참여해야 하는 이유는 몇 가지로 요약된다. 이는 대학 사회봉사가 학생, 대학, 사회적 측면에서 다른 분야 봉사와는 구별되는 특성이기도 하다(박태영 외, 2008; 현외성, 2011).

- 학생들의 바른 인성과 성숙한 자아 형성을 돕는 활동
- 인간의 존엄성과 가치에 대한 인식을 돕는 활동

- 학생들의 전문지식 및 기술의 적용과 연마를 지원하는 활동
- 학생들에게 사회적 책임감과 사회지도자로서의 능력을 배양하는 활동
- 대학 내 건전한 대학문화 정착을 위한 활동
- 대학 교육의 확충과 국제화를 촉진하는 활동
- 대학과 지역사회 간의 연계 · 협력을 통한 봉사네트워크 구축 활동
- 지역공동체 의식 확산과 사회통합의 활동

2) 대학 사회봉사 교육의 원칙

미국의 전국경험교육협회(National Society for Experimental Education)의 연구진은 사회봉사 교육이 지향하는 교육적 목표와 이를 바탕으로 프로그램의 내용이 추구해야 하는 10가지 기본원칙을 설정하였다(한국대학사회봉사협의회, 1997; 박태영 외, 2008 재인용).

- 사회봉사 프로그램에는 공동의 선을 추구하기 위한 책임 있고 진취적인 인물들이 가담되어야 한다.
- 사람들에게 자신들의 사회봉사 경험을 비평할 수 있는 조직된 기회를 부여해야 한다.
- 참여자 모두에게 분명한 사회봉사와 학습목표를 구체화시켜야 한다.
- 사회봉사 수혜자가 봉사의 필요성을 인식할 수 있는 욕구를 갖도록 하여야 한다.

- 사회봉사자와 기관조직의 책임을 분명히 하여야 한다.
- 상황의 변화를 감안하는 준비 과정을 통해 서비스 제공자와 서비스 욕구를 연계지어야 한다.
- 조직의 진지하며 적극적이고 일관된 실천을 기대해야 한다.
- 시간적인 여유를 지녀야 하고, 이는 관계자 모두의 이해에 부합되어야 한다.
- 다양한 계층의 참여와 역할을 기획하여야 한다.

이러한 사회봉사 활동 프로그램은 모든 학생들에게 동일한 수준에서 일괄적으로 적용될 수 없다. 학생들마다 참여 수준과 관심사가 다양할 것이며, 사회봉사 활동을 주로 하는 동아리의 역할과 대학 당국 차원에서의 관심과 노력이 중요하게 요구되기 때문이다.

대학사회봉사 활동 사례

사례1 한국대학사회봉사협의회

1996년 전국의 대학과 전문대학이 회원이 되어 바람직한 대학 사회봉사 문화 창달을 목적으로 창립된 한국대학사회봉사협의회는 대학생들에게 교육과 연구를 통하여 계발된 그들 자신의 역량을 인류사회에 봉사할 수 있게 하는 기능과 역할에 충실하기 위한 방안의 하나로 회원대학들의 국내 · 외 사회봉사 활동을 지원해 왔다.

❶ 기능

- 대학생 사회봉사 활동의 육성 발전
- 대학 교육 과정과 사회봉사 연계에 관한 연구 개발
- 대학의 사회봉사 활동에 관한 연수 지원
- 국내 · 외 사회봉사 관련 기관과의 교류 및 제휴
- 대학 사회봉사 프로그램 개발 보급
- 기타 회원대학 상호 간에 협의 조정이 필요한 사항

❷ 조직현황

- 총회: 전국 211개 대학
- 이사회: 회장 등 총 20명(감사 2명)

출처: http://www.kucss.or.kr/

사례2 대학생자원봉사협의회(UCV)

❶ 설립취지

대학생들을 대상으로 봉사 활동 참여 기회를 제공하고 봉사 활동 관련 교육을 실시함으로써 그들이 지속적으로 봉사 활동을 할 수 있는 토대를 마련해 주고자 설립되었으며 종교나 정치, 이념 등으로부터 자유로운 봉사 활동을 실천하고자 한다.

❷ 단체비전

- 지식나눔: 사회봉사 활동에 필요한 다양한 지식을 교육함으로써 사회봉사 활동의 질적 향상에 기여합니다.
- 봉사 활동 활성화: 국내외 NGO, 지역사회 단체와의 연계를 통해 봉사 활동 일정, 활동 장소, 프로그램 소개 등 다양한 정보를 제공하고 자원봉사자를 체계적으로 관리함으로써 봉사 활동 활성화에 기여합니다.
- 리더 양성: 사회봉사 프로그램을 통해서 주도적으로 참여하는 미래의 자원봉사 리더로 성장하는 데에 기여합니다.
- 친선친교: 사회봉사 활동을 통해 전국의 대학생들과 봉사자들 그리고 도움이 필요한 많은 사람들을 만날 수 있습니다.
- 지구 공동체: 해외봉사 활동을 통해 대한민국뿐만 아니라 지구 공동체의 어려운 이웃들을 도울 수 있습니다.

출처: http://www.nucv.org

3. 동네에서 할 수 있는 사회봉사 활동

1) 지역사회에서의 사회봉사 활동의 의의

오늘날 도시생활에 있어서 이웃 간의 단절된 생활은 지역사회의 약화를 초래하고 이것은 가정에도 피해를 주게 된다. 최근 지역공동체 개념의 도입과 동시에 지역사회에 대한 관심이 높아지면서 이웃돕기운동, 환경오염방지운동 등이 활발해지고 있다. 즉 사회봉사도 이웃의 문제에 관심을 가지는 데서부터 시작되고 있다. 또한 천재지변이나 다양한 위기발생 시 지역주민들이 연대하여 행하는 사회봉사 활동은 현대사회에서 매우 의미 있는 일로 지역사회를 더욱 발전시키기 위한 사회봉사 활동의 영역은 점차 확대되고 있다. 앞으로도 지역사회를 위한 사회봉사 활동은 지역사회의 욕구에 따라 더 다양하게 전개되어야 할 것이고, 봉사자의 역할 역시 더욱 중요해질 것이다.

2) 지역사회에서의 사회봉사 활동

(1) 환경보전을 위한 활동

환경오염의 문제는 인간생존의 문제이다. 최근 환경 문제에 대한 시민들의 의식이 높아지면서 이 분야에 관심을 가지고 활동하는 봉사자들이 많이 늘어나고 있다. 환경오염 문제는 인간 자신이 피해자이면서 동시에 가해자이기 때문에 가해적 행위의 중단에서부터 사회봉사 활동은 시작된다고 볼 수 있다. 그러므로 이러한 활동을 가족에서 이웃으로 그리고 지역사회로 소그룹의 형태로 확대시켜 조직적으로 발전시켜가야 할 것이다. 또한 지역의 사회 단체, 종교 단체의 협력을 촉구하고 동시에 다른 환경운동시민 단체와 협력하여 근본적 문제해결을 위한 압력 단체로서 활동하도록 해야 할 것이다(류기형 외, 2004).

환경보전을 위한 사회봉사 활동의 내용으로는 쓰레기 분리수거, 환경캠페인 참여, 대기오염이나 수질오염을 정화하고 감시하는 일, 해양생태보존운동, 매연차량 감시 활동과 신고, 환경모임을 구성하여 환경보전의 중요성을 알리고 교육하는 모든 활동이 포함된다.

(2) 교통환경 개선을 위한 사회봉사 활동

우리나라 주요도시의 교통 문제 및 그에 따른 안전사고 문제가 매우 심각하다. 특히 장애인이나 노약자 등 이동약자들의 이동 및 활동에 커다란 제한을 주고 있다. 이러한 상황에 대비한 교통안전과 교통의 원활한 소통을 위한 봉사 활동 참여는 시급한 분야라고 할 수 있다. 교통개선을 위한 봉사 활동으로는 혼잡 시간 교통정리, 교통안전캠페인, 카풀운동 등에 참여하는 활동 등이 있다. 또한 교통 제도 개선 및 개발 참여, 교통모니터 활동 등 전문적인 활동도 포함된다.

(3) 안전한 지역사회를 위한 사회봉사 활동

생활 주변에 있는 재난 위험요소 및 유해요소를 발견하고 신고하는 활동으로 사회봉사자는 생활 주변에서 사고 발생 취약점에 항상 관심을 가지며 사고 유발요인을 발견하거나 청취하였을 경우에는 즉시 행정관청이나 관할지역 담당공무원에게 신고한다. 재난예방을 위해서는 안전의식의 함양이 무엇보다 중요함을 인식하고 안전의식을 고취하기 위한 계도 및 홍보 활동을 전개하며 시민들에게 안전의 중요성을 인식시키는 역할을 수행한다. 또한 지역사회 내 사회복지 시설, 특히 미신고 시설과 독거노인, 소년 · 소녀가정 등 생활이 어려운 가정의 대부분은 경제적인 어려움과 안전에 대한 인식 부족으로 노후되거나 불량한 전기 · 가스 · 보일러 등 일상생활의 위험에 방치되어 있는 실정이다. 따라서 시민안전문화를 높이기 위해 시 · 군 · 구청과 함께 어려운 가정의 안전위험 시설에 대한 무료안전점검 활동을 통하여 재난을 예방하는 역할을 한다(구혜영, 2008).

또한 학교 주변에 위치한 유흥업소 등 유해환경을 감시하고 차단하는 유해환경 지킴이 역할도 중요하다.

지역사회를 위한 사회봉사 활동 사례

불우이웃돕기를 위한 사랑의 김장 담그기

출처: 강남대학교 자원봉사센터.

지역사회를 위한 사회봉사 활동 사례

해양생태 보존을 위한 연합 자원봉사

출처: 강남대학교 자원봉사센터.

4. 기업에서 할 수 있는 사회봉사 활동

1) 기업 이익과 사회봉사

기업이 사회봉사 활동을 추진하는 이유는 다양하지만, 무엇보다 현실적인 이유는 사회봉사 활동이 궁극적으로 기업의 이익 창출에 기여하는 바가 있기 때문이다. 언론 매체 관계자들은 기업 임직원들의 사회봉사 활동이 기업이미지, 상품, 사회공헌 광고로 투자하는 비용보다 훨씬 저렴한 비용으로 보다 높은 효과를 가져오고 있다고 추산하였다. 기업이 전통적으로 해왔던 기부와 자선 등의 물질적 재화를 이용한 사회공헌은 이에 대한 부정적 이미지가 존재하는 반면, 기업에 속한 사람들의 시간과 재능으로 하는 사회봉사 활동은 일반인들에게 기업의 이미지를 긍정적으로 변화시키는 데 큰 효과가 있다. 지역사회 현장에서 지역주민들과 더불어 하는 사회봉사 활동은 직접 · 간접적으로 혜택을 받는 많은 사람들로부터 높은 지지를 받는다(주성수, 2003).

전경련의 자료(2007)에 따르면 기업 내 전사 차원의 봉사조직을 도입하고 있는 경우가 전체의 71.2%로 나타났다(김영호 외, 2009 재인용). 이는 기업의 사회봉사 활동이 갈수록 보편화되고 있음을 보여준다. 이처럼 기업의 사회봉사 활동 참여가 증가하는 데에는 사회봉사 활동이 주는 여러 긍정적인 효과에 대한 기업의 자체 평가도 작용했겠지만, 더불어 지역사회와 지역사회 비영리기관들이 기업에 의도적으로 접근하고 압력을 행사한 결과라고도 볼 수 있다. 지역사회 비영리기관들과 정부 조직들의 제한된 자원만으로는 현재 대두하고 있는 수많은 사회문제의 해결이 어렵다. 이에 대한 대안으로 많은 인적 · 물적 자원을 확보하고 있는 기업의 사회공헌을 촉진하는 방안이 새로운 대안으로 제시되고 있다.

기업이 사회봉사 활동을 통해 얻을 수 있는 효과로 다음의 네 가지를 제시한다(주성수, 2003: 81-86).

첫째, 잠재적 소비자에 대한 서비스를 통해 부가가치를 창출한다.

사회봉사 활동은 비교적 적은 비용으로 기업에 높은 부가가치를 가져온다. 먼저, 사회봉사 활동은 잠재적 소비자에 대한 서비스의 측면을 갖는다. 사회봉사 활동을 통해 잠재적 소비자에게 긍정적인 기업의 이미지를 높일 수 있고, 이는 곧 경영실적의 향상으로 이어질 수 있다. 예를 들어 미국 올스테이트(Allstate) 보험사의 경우 재단을 통해 지역사회 문제해결을 위한 재원도 제공하였지만, 이와 함께 도움의 손길 자원봉사단(Helping Hands volunteers)을 1976년에 결성하여 전체 사원 중 75%를 재난구호, 지역사회 개발 등의 활동에 투입하였다. 이러한 접근은 결과적으로 다른 경쟁사보다 높은 경영실적과 직원들의 사기 진작이라는 긍정적인 효과를 가져왔다.

둘째, 양질의 인력 채용을 돕는다.

기업 임직원이 활발하게 사회봉사 활동에 참여하는 경우 기업은 취업자들에게 사회적 책임감이 높고 직원 간의 신뢰가 높은 좋은 기업이라는 긍정적인 이미지를 심어 준다. 따라서 양질의 직원을 확보하는 데 기여할 수 있다.

셋째, 생산성을 높이고 직원의 이직률을 감소시킨다.

직원의 사회봉사 활동 참여는 직장에 대한 만족도와 조직에 대한 헌신과 상관관계를 보인다. 즉, 직원들이 사회봉사 활동에 조직적으로 참여하는 경우 이들의 직장에 대한 충성도를 높일 수 있으며, 이는 생산성 향상과 낮은 이직률로 나타날 수 있다. 따라서 기업의 입장에서 사회봉사는 생산성 향상과 이직률 감소를 통한 부가가치 창출과 비용 절감의 효과를 갖는다.

넷째, 사회봉사 활동을 통한 기술 습득과 태도 변화로 직원들의 업무 능력을 향상시킨다.

사회봉사 활동은 직원들 간의 협력 관계를 높이고 직장에 대한 헌신도를 향상시킬 뿐만 아니라 참여자들이 업무에 관한 새로운 시각을 가질 수 있도록 돕고 다양한 관리 기술을 습득할 수 있는 기회를 제공한다.

사회봉사 활동 경험을 통해 얻을 수 있는 기술을 정리하면 다음과 같다(주성수, 2003: 84).

- 커뮤니케이션 기술
- 조직 관리 및 시간 관리 기술
- 배려하고 타협하는 인간관계 기술
- 일에 대한 책임감 및 평가업무 보고 기술
- 기획력, 장단기 목표 설정 기술
- 예산 책정 및 분배 기술
- 생존 기술: 스트레스 관리 등

한편, 사회봉사 활동을 통한 직무태도 변화를 요약하면 다음과 같다(주성수, 2003: 84-85).

- 동료 직원에 대한 이해 증진과 다양성 존중
- 어려움에 대처하기 위해 혁신적인 전략 모색
- 위험 부담을 추정하는 능력 향상
- 고용주로부터 받는 혜택에 대한 고마움
- 지역사회에 대한 관심과 사회적 책임의식
- 기업체의 사회공헌에 대한 인정
- 개인의 능력과 가치에 대한 인정
- 자신감과 책임감
- 고립과 소외감 극복

따라서 사회봉사 활동은 기업이 그 사회적 책임을 다한다는 의미뿐만 아니라 기업에 다양한 부가가치를 창출하는 유용한 전략이라고 볼 수 있다.

2) 기업의 사회적 공헌

최근 들어 기업은 그 핵심적인 비즈니스 활동 이외에 사회적 투자와 사회봉사 프로그램 그리고 공공정책에의 관여를 통한 사회공헌을 요구받고 있다. 기업들의 사회공헌 방식으로는 현금과 현물을 직접 지원하는 방식, 임직원의 사회봉사 활동, 외부기관에 대한 후원을 통한 지원 그리고 자체 공익 캠페인 등을 들 수 있다(전경련, 2007). 특히, 사회공헌 방식 중에서도 임직원이 직접 참여하는 사회봉사 활동은 후원이나 기부 등 재정적 지원보다 지역사회로부터 더 긍정적으로 인식되고 있다.

(1) 기업과 시민사회

기업의 사회봉사 활동은 기업이 사회적 책임을 다한다는 면에서 의미가 있다. OECD(2001)는 기업의 사회적 책임을 '기업과 사회 사이의 효과적인 조화를 모색하는 일이며, 여기서 조화란 기업과 사회의 상호의존 관계를 인식하는 것' 이라고 정의하고 있다. 즉, 사회가 번영해야 기업이 존립하고 발전할 수 있다는 의미이다. 좀 더 나아가서 맥파랜드(McFarland)는 기업의 사회적 책임을 '개인, 조직, 사회제도 간의 상호의존성의 인식과 함께 그러한 인식을 도덕적, 윤리적, 경제적 가치의 틀 내에서 행동으로 옮기는 것' 으로 규정하였다(신유근, 2001; 김영호 외, 2009). EU(2001)는 이와 같은 기업의 사회적 책임을 내부적인 것과 외부적인 것으로 나누어 제시하고 있다(주성수, 2003 재인용).

먼저 내부적 사회 책임은 다음과 같다.

- 고용과 관련된 사회공헌 활동(예 청년실업자의 직업훈련 지원)을 통해 기업을 위한 잠재적 인적 자원 개발에 책임이 있다.
- 노동자의 기본적인 보건과 안전에 대한 책임을 가진다.
- 환경 변화로 인한 기업의 변화 결정이 노동자에게 미치는 영향(예 구조조정으로 인한 명예퇴직자)에 대한 책임을 가진다.
- 기업의 비지니스 활동이 지역사회 환경에 미치는 영향과 자연 자원에 대한 피해를 신중히 고려한다.

외부적 관점에서의 사회적 책임은 다음과 같다.

- 기업은 지역사회 구성원으로 시민정신을 갖고 사회에 공헌할 책임을 가진다.
- 다른 기업과 공조하는 사회공헌, 그리고 소비자의 요구에 호응할 사회적 책임이 있다.
- 직원에 대한 인권보호뿐 아니라 국제적 노동기준에 부합하는 노무정책과 인사정책으로 개인의 인권 보호에 책임이 있다.
- 글로벌 차원에서 환경보호를 위해 NGO와 공조하여 활동할 책임이 있다.

(2) 기업의 사회봉사 활동 현황

갈수록 사회봉사 활동에 적극적으로 참여하는 기업이 늘어나고 있는 추세이다. 전경련(2007)의 조사에 따르면 사회봉사 활동 촉진을 위한 제도의 도입 비율이 매년 꾸준히 증가하고 있음을 알 수 있다. 총 208개 사에 대한 조사 결과 2007년을 기준으로 전사 차원의 봉사조직을 도입하고 있다고 응답한 비율이 71%를 차지하였으며, 사회봉사 활동자 표창 제도는 52.9%, 봉사 활동 교육 프로그램은 약 47%의 기업이 운영하고 있는 것으로 나타났다. 또한 사회봉사 활동 등록 제도를 시행하는 기업이 전체의 약 46%, 봉사 활동 휴가 제도를 시행하는 기업이 약 44%로 나타났다.

임직원의 사회봉사 활동이 이루어지고 있다고 응답한 기업들의 사회봉사 활동 참여 비율을 보면 임직원의 과반이 사회봉사 활동에 참여하고 있다고 응답한 기업이 약 47%로 절반 정도의 기업이 이에 해당되었고, 전체 임직원의 76% 이상이 참여하고 있다고 응답한 기업이 33.7%로 약 1/3에 해당하는 기업들에서 임직원의 봉사 활동이 매우 적극적으로 이루어지고 있음을 알 수 있다.

|표 5-2| 사회봉사 활동 관련 제도 도입 비율

제도 유형	비율(%)
전사 차원 자원봉사조직 도입	71.2
사회봉사 활동 표창 제도	52.9
봉사 활동 교육 프로그램	47.1
사회봉사 활동자 등록 제도	45.7
봉사 활동 휴가 제도	43.8
기타 봉사 촉진 제도	49.5
총 기업 수	208개사

출처: 전경련(2007). 기업 · 기업재단 사회공헌백서(김영호 외, 2009: 318 재인용).

|표 5-3| 사회봉사 활동 인원 참여 비율

인원 참여 비율	2004년	2005년	2006년	2007년
	%	%	%	%
없음	46.6	44.7	4.5	4.5
1~25% 이하	11.3	9.9	16.0	14.0
26~50% 이하	10.6	8.8	13.5	10.1
51~75% 이하	9.4	11.1	7.5	13.5
76~100% 이하	10.3	19.1	33.5	33.7
모름/무응답	12.5	6.3	25.0	24.2
총 기업 수	208개사	208개사	200개사	178개사

출처: 전경련(2007). 기업 · 기업재단 사회공헌백서(김영호 외, 2009: 319 재인용).

3) 기업의 사회봉사 활동 프로그램

최근 기업들은 정부, 지방자치 단체, 각종 비영리 조직(NPO)들과의 파트너십을 통해 다양한 분야에서 폭넓게 사회봉사 활동에 참여하고 있다. 직원을 대상으로 한 사회봉사 교육, 기업 내 사회봉사단 조직, 직원 의무사회봉사제의 도입 및 추진 등이 대표적인 예이다. 임직원의 사회봉사 활동이 활성화된 기업들로 삼성, SK, 포스코, CJ, KT 등을 들 수 있다.

기업이 주체가 되는 사회봉사 활동 사례

사례1 KT 'IT 서포터즈'

2007년 2월 21일 출범한 'IT 서포터즈'는 KT가 운영하는 사회봉사 단체이다. 지금까지 연인원 12만 3천여 명이 사회봉사 활동에 참가하였으며, 연인원 112만 명이 'IT 서포터즈'의 활동을 통해 정보 소외에서 벗어났다. 'IT 서포터즈'는 다문화가정 지원, 소상공인 및 자영업자 지원, 맞춤형 IT 교육, 실생활형 IT 활용 교육 등의 활동을 하고 있다.

특히 2010년부터는 다문화가정의 국내정착을 위한 IT 교육에 역점을 두고 활동하고 있다. 다문화가정의 주부들이 사무자동화(OA) 자격증을 따도록 돕고, 그들이 자신의 고국 문화와 언어를 학생들에게 가르칠 수 있는 터전을 마련해 주고 있다. 특히 'IT 서포터즈'는 대학생봉사단을 구성하여 이들의 활동을 지원하면서 그 활동 영역과 내용을 더욱 다양하고 풍부하게 하고 있다.

사례2 SK텔레콤의 대학생 자원봉사단 'Sunny'

SK텔레콤은 '인재양성을 통한 사회발전 기여'라는 모토로 2003년부터 대학생 자원봉사단 'Sunny'를 운영하고 있다. 'Sunny'는 대학생들이 참여하여 각 분야에서 다양한 자신의 재능을 발휘하고, 이 재능을 사회에서 녹여내어 이웃과 나누는 열린 마음을 지닌 사회적 인재양성을 지향한다. 2003년부터 2009년 현재까지 전국 10개 지역(서울, 경기, 강원, 충북, 충남, 전북, 전남, 경북, 경남, 제주)에서 6만 5천 명의 대학생들이 'Sunny'의 다양한 자원봉사 프로그램에 참여하였다. 그리고 2005년부터는 베트남, 중국, 몽골 등 해외에서도 'Global Sunny'라는 이름으로 사회봉사 및 현지 대학생들과의 문화교류 활동을 펼치고 있다. 이를 통해 'Sunny'는 지구촌에도 사랑을 나누고, 세계시민 의식을 갖춘 글로벌 리더(Global Leader)로 성장하고 있다. 2010년 현재 진행되고 있는 'Sunny'의 프로그램은 Hi-Teacher, 행복한 모바일 세상, 해피 바이러스, Global Sunny, 블로그 기자단, 대학생 사회봉사 공모전, 레저버디, 지역봉사 프로그램 등이 있다.

사례3 웅진코웨이 '또또사랑 봉사단'

웅진은 환경사회공헌, 교육사회공헌, 이웃사회공헌에 중점을 두어 임직원으로 구성된 '또또사랑 봉사단'을 운영하고 있다. 웅진의 모든 임직원이 '또또사랑 봉사단'에서 연 16시간 이상 활동하고 있으며 그 분야별 활동내역은 다음과 같다. 환경사랑 분야에서는 유구천 가꾸기 활동, 깨끗한 환경 가꾸기, 따뜻한 자원재활용, 푸드뱅크 나눔 활동 등을 행하고 있으며 교육사랑 분야에서는 다문화가정 자녀 무료 한글 교육 서비스, 도서기증 시스템인 '웅진사랑의 북뱅크' 운영, 장학 제도 확대 등 학업 지원을 위한 다양한 활동들을 펼치고 있다. 이웃사랑 분야에서는 봉사 활동 시간을 확대하여 햇살비추기, 7개월 간의 동행, 따뜻한 동행, 임직원 봉사 활동들을 행하고 있다. 지구사랑 분야에서는 캄보디아 우물 파주기, 행복한 홈스쿨, 남아공 5년 약속 등의 사회공헌 및 사회봉사 활동을 펼치고 있다.

5. 병원에서 할 수 있는 사회봉사 활동

병원을 장으로 이루어지는 병원에서의 사회봉사 활동은 현대사회에서 그 필요성이 더욱 커지고 있다. 병원의 입장에서 볼 때 최근 병원을 둘러싼 외적 환경이 공급자 우위에서 소비자 우위의 시장구조로 바뀜에 따라 과거와 달리 병원의 생존을 위해 요구되는 다양한 방법 중의 하나로서 봉사 활동 활성화에 대한 필요성이 증대하고 있다(류기형, 2004).

또한 봉사자들은 대부분 병원이 속해 있는 지역사회 주민이므로 이들을 통해 병원을 모니터링할 수도 있고, 지역사회의 이슈들이나 정보들도 얻을 수 있다. 이런 보이지 않는 힘들은 지역사회의 자원으로 유용하게 쓰일 수 있는 것들이다(김민영 외, 2002).

병원에서 이루어지는 사회봉사 활동의 주요 내용을 살펴보면 다음과 같다(김동배, 2005).

1) 병원에서 이루어지는 사회봉사 활동의 목표

(1) 고통분담

인간이라면 누구나 질병에 걸릴 가능성이 있다. 현대 산업사회에서는 질병에 걸렸을 때 물질적인 부담을 완화시켜 주기 위해 의료보험 제도를 통해서 의료비용 부담을 수직적 · 수평적으로 나누고 있다. 그러나 이러한 의료보험 제도는 물질적

부담은 완화시켜 줄 수 있지만 정신적인 고통을 감소시켜 주기에는 한계가 있다. 보건의료 현장에서의 봉사 활동의 목표 중 하나는 이러한 의료보호 제도나 건강보험 제도의 한계를 보완하여 물질적 · 정신적 고통을 분담하는 것이다.

(2) 보건의료 환경의 질적 향상

건강에 대한 교육과 홍보를 통해 지역사회가 건강에 관심을 갖도록 하고 환자들에게 관심과 지지를 보임으로써 보건의료 환경을 질적으로 향상시키고 궁극적으로 질병을 가지고 있는 사람들의 삶의 질을 높일 수 있다. 서양에서는 의료기관에서의 봉사자가 보편화되어 있으며 우리나라도 점점 그러한 추세를 보이고 있다.

(3) 공평한 의료혜택

우리나라의 보건의료 자원은 서울을 비롯한 대도시에 집중되어 있다. 그러나 대도시에 살고 있는 사람들도 모두 보건의료 자원에 공평하게 접근하지는 못한다. 이는 보건의료 자원의 공급이 수요에 비해 턱없이 부족하기 때문인데 여러 가지 질병으로 인한 많은 보건의료 수요가 있지만 물질적으로 풍부하지 못한 사람은 혜택을 충분히 받을 수 없다. 사회봉사 활동은 이처럼 욕구는 크지만 충분한 혜택을 받지 못하는 사람들에게 차별적으로 접근하여 불공평을 개선하고 공평한 의료혜택을 제공하는 하나의 방법이 될 수 있다.

2) 봉사자의 자세와 유의사항

(1) 환자의 인격과 개성 존중

봉사자는 자신을 도움을 베푸는 우월한 존재로 간주하거나, 환자를 일방적으로 도움을 받는 열등한 존재로 생각해서는 안 된다. 봉사자는 환자를 하나의 독립된 인격체로 받아들이고, 그들의 개성을 존중하며 진정으로 관심을 기울여야 한다. 즉 약속한 봉사 시간을 정확히 지키고, 단정한 복장을 해야 하며, 환자와 보호자에게 수용적인 태도를 취해야 한다.

(2) 기관 방침의 충실한 이행

보건의료 분야에서의 봉사자는 인간의 생명과 건강을 다루는 기관에서 봉사 활동을 하기 때문에 기관이 요구하는 모든 사항을 성실히 이행하고, 그에 반하는 행위를 하거나 영리 활동을 추구해서는 안 된다. 의료기관이나 단체가 봉사자에게 실시하는 교육에 반드시 참여하도록 하고, 봉사 시간 중에는 개인적인 업무를 보거나 면회를 하는 것은 삼가야 한다.

(3) 환자에 대한 충분한 이해와 지식 습득

환자를 직접 상대하는 사람은 그 환자의 질병이나 상태에 대해 충분히 이해하고 지식을 쌓아야 한다. 환자의 상태에 대한 충분한 이해와 지식습득을 통해 더욱 효율적이고 효과적인 봉사를 행할 수 있기 때문이다.

3) 병원에서 필요로 하는 사회봉사 활동 프로그램

(1) 건강 증진

다양한 현장 활동과 교육 활동, 캠페인 등을 통해 환자들은 물론 지역사회 구성원들의 건강 증진을 꾀할 수 있다. 구체적으로 어린이 체조교실이나 노인 체조교실 등의 운동교실 보조, 간염백신 접종, 헌혈, 골수기증도 봉사 활동의 하나이다. 주민건강 교육을 위한 건강교실 보조, 청소년 약물 오·남용 교육, 건강한 습관을 기르기 위한 바른 식생활 교육, 금연운동, 에이즈 예방 캠페인도 있다.

(2) 질병 치료

질병 치료를 목적으로 하는 봉사 활동도 있다. 열악한 지역의 보건소 업무를 보조하거나 낙도에서의 의료봉사, 농어촌 순회 진료, 치과 진료, 한방 진료, 외국인 근로자 진료, 건강사회실천운동 등 의료전문인력의 봉사 활동이 대표적이다.

(3) 의료 지원

병원에서의 업무를 지원하는 활동으로 병원 접수 안내, 각 해당 진료과 접수 안내, 병원 내 위치 안내, 보험 안내, 대필 서비스 등이 있으며, 의료 업무를 지원하는 활동으로 중앙공급실 봉사, 약국 봉사, 각종 검사실에서의 봉사가 가능하다. 또한 환자에 대한 간병 또는 간호도 중요한 활동의 하나로 호스피스, 물리치료 보조, 식사 보조, 중증환자나 거동이 불편한 환자를 위해 침상을 정리정돈한다. 또한 환자의 말벗되어주기, 병동문고 봉사, 특수환자(근육병, 백혈병 등 희귀·난치병 환자) 생활 지원, 응급실 및 신생아실 보조 등 치료를 돕는 역할도 있다. 그리고 지역 보건·의료기초 조사를 보조하는 역할이나 의료기관을 모니터링하는 조사 활동도 중요하다.

병원에서 활동하는 봉사자의 자세 및 준수사항

□ 봉사자의 자세

- 봉사자의 역할은 환자들을 위하여 보다 좋은 환경을 조성하는 데 협조하며 환자들을 위한 병원의 기능을 보충하고 돕는 것이다.
- 환자에 관한 이야기는 절대 비밀을 지켜야 하며 모든 환자에게 공평하고 친절해야 한다.
- 환자, 의사, 혹은 다른 직원들에 관한 정보는 신중하고 성실하게 다루어야 한다.
- 환자, 직원, 혹은 다른 사회봉사자들과 쓸데없는 잡담을 하지 않는다.
- 약속한 봉사 시간을 지켜야 한다.
- 지정된 부서에서 일을 하며 활동 부서나 활동 시간을 옮기고자 할 때는 사전에 팀장을 비롯한 책임자와 협의한다.
- 지정된 부서에서 봉사 활동을 하고 무단이탈하는 일이 없도록 한다.
- 부득이한 이유로 결석을 할 경우, 사전에 책임자와 팀장에게 사유를 말하고 연락을 취한다.
- 봉사자로서의 자부심을 항상 가지도록 하고 품위를 손상시키는 일은 하지 않는다.
- 복장은 단정해야 하고 반드시 봉사자용 가운을 착용한다.
- 지나친 화장이나 노출이 심한 옷차림은 삼가고, 환자나 그 가족에게 환한 분위기를 주도록 한다.

□ 봉사자 준수사항

❶ 봉사 시간

- 사회봉사는 주 1회 6시간 이상을 원칙으로 하며 오전은 9시~12시 30분, 오후는 1시 30분~3시를 근무기준으로 한다.
- 봉사시작 15분 전에 도착하여 명찰과 가운을 착용하고 봉사 활동 준비를 한다.
- 정해진 봉사 활동의 시작과 종결 시간을 반드시 지킨다.

❷ 출결사항

- 봉사자는 출근하면 사회봉사자실에 비치되어 있는 출근부에 체크한 후 봉사 부서로 간다.

- 일과 후에는 팀별로 모여 그날의 봉사 활동에 대해 토의한다.
- 부득이한 사정으로 결석을 해야 할 경우에는 반드시 사전에 팀장을 통하거나 사회사업실에 알린다.
- 봉사 활동을 임시중단 혹은 종결해야 할 사유가 있는 경우에는 최소한 2주 전에 팀장이나 책임자에게 알린다.

❸ 복장

- 복장은 봉사자로서의 품위를 손상시키는 일이 없도록 단정해야 하며 봉사 활동에 불편이 없는 되도록 간편한 차림을 한다.
- 봉사 활동 시간에는 봉사자 가운 및 명찰을 반드시 착용한다.

출처: 서울대학교병원 자원봉사자 홈페이지(http://www.snuhvt.com/activity/activity02.htm).

국립소록도병원 사회봉사자 모집 안내

□ 필요성

입원 한센인의 노령화 및 장애도 심화와 치매, 정신질환 등 중증 · 중복질환의 증가로 자력생활(대 · 소변, 목욕, 식사, 외출 등)이 불가능한 입원 한센인이 계속 증가하고 있어 현재의 간호 인력으로 간호 및 일상생활조력을 감당하기 어렵고 특히, 중증 환자로 자체 검진 및 시술이 불가능한 경우 타병원 진료 및 입원치료가 필요하나 한센인은 간병비를 지급해도 간병 희망자가 없어 사랑과 봉사정신으로 참여하는 자원봉사자 인력으로 감당하고 있는 실정입니다.

□ 모집내용

- 개인봉사(14일 이상, 대학생 이상): 연중 모집(숙소정원: 남 · 녀 각 20명)
- 단체봉사(4박 5일 이상, 고등학생 이상): 45명 이내(인솔자 포함, 연중 모집)
- 봉사내용: 간병, 식사 돕기, 용변 돕기, 목욕, 청소, 심부름 등 일상생활 돕기, 노력봉사, 기술봉사, 문화봉사, 음식 제공 등

□ 신청방법

- 봉사 가능한 날로부터 1주 전(단체봉사는 2개월 전)에 전화, 병원 홈페이지 [자원봉사민원신청] 메뉴 등을 이용하여 신청하시기 바랍니다.
  - 전화: (061) 840-0552, 0583
  - Fax: (061) 840-0693
  - 홈페이지: [자원봉사마당-자원봉사참여마당-자원봉사민원 신청]
- 홈페이지 자원봉사민원 신청 코너를 이용하실 경우 성명, 성별, 연령, 봉사인원, 봉사기간, 연락처를 반드시 기재하여 주시기 바랍니다.
- 봉사 신청 시 개인 신상(건강 등)에 대해 미리 상담하여 주시기 바랍니다.
- 신청접수 기간
  - 전화: 월~금(09:00~18:00)
  - 홈페이지: 수시

• 여름 및 겨울방학 기간은 봉사신청자가 많은 관계로 단기(7일 미만) 봉사를 하고자 하시는 분은 다른 기간을 이용하여 주시면 우리 병원 어르신들께 더 많은 도움을 줄 수 있습니다.
• 방학기간 중 단체자원봉사 및 자원봉사 체험 교육을 원하시는 단체는 해당 신청기간을 이용하여 주시기 바랍니다(여름: 5월 중, 겨울: 10월 중).

□ 준비물

• 개인: 사진 1장(명함판), 신분증(주민등록증, 학생증, 운전면허증 등 사진이 부착된 신분증), 우산, 생필품, 세면도구, 운동화, 슬리퍼, 간편복
• 단체: 운동화, 슬리퍼, 생필품, 세면도구, 우산, 간편복(활동복), 명찰, 봉사자 명단, 상비약 등

출처: 국립소록도병원(http://www.sorokdo.go.kr/index.jsp).

6. 시민 단체를 통해 할 수 있는 사회봉사 활동

1) 현대사회와 시민 단체

자발적인 참여에 바탕을 둔 사회봉사는 시민사회의 기초가 된다. 사회봉사의 활성화 정도는 그 국가의 시민사회 성숙도를 나타내는 하나의 지표가 될 수 있다. 서구 여러 국가들의 시민사회를 4가지 모델로 나누어 그 특징을 살펴보면 아래와 같다(De Hart & Dekker, 1999; 주성수, 2005).

(1) 활성적 시민사회

활성적 시민사회에서는 시민의 시민 단체 소속 활동이 매우 광범위하고 사회봉사가 매우 적극적으로 활성화되어 있다. 따라서 많은 사회봉사 인구를 갖고 있고 이들의 자발적인 활동으로 타인에 대한 신뢰와 정부에 대한 신뢰가 매우 높은 수준이다.

(2) 광범위한 시민사회

광범위한 시민사회는 시민의 단체 소속 활동이 매우 광범위하고 사회봉사 활동이 비교적 높은 수준에서 활성화되고 있다. 따라서 많은 사회봉사 인구를 갖고 있고, 이들의 자발적 활동으로 타인에 대한 신뢰와 정부에 대한 신뢰가 비교적 높은 수준이다.

(3) 엘리트 시민사회

엘리트 시민사회는 시민의 단체 소속 활동이 소수 엘리트 중심으로 활성화되어 있고, 일반 시민에까지 활성화되어 있지 않은 사회이다. 사회봉사 활동 또한 저조한 수준에 머물러 있다. 또 타인이나 정부에 대한 신뢰도는 낮은 편이다.

(4) 중간형 시민사회

엘리트 유형과 활성적 또는 광범위한 시민사회 중간에 위치한 시민사회이다. 시민의 단체 소속 활동과 사회봉사 활동이 보통 수준에 머물러 있고 타인이나 정부에 대한 신뢰도도 중간 수준이다.

복지 선진국으로 분류되는 아이슬란드, 스웨덴, 덴마크, 노르웨이 등의 북유럽 국가들은 활성적 또는 광범위한 시민사회로 다수의 국민들이 다양한 시민 단체에 소속되어 활동하고 있으며 사회봉사 참여에 적극적이다. 이처럼 시민 단체의 활성화와 사회봉사운동의 성장이 매우 밀접한 관계를 맺고 있다.

시민 단체란 사회의 공동선이나 공공의 이익을 위해 시민들이 자발적으로 조직한 단체로 봉사나 구호 활동을 펼치는 비정부 기구를 의미한다. 시민 단체들은 정치, 경제, 환경, 문화, 인권 등 다양한 영역에서 활발히 활동하고 있다. 국내에서는 국가 권력 감시와 시민권리 획득을 목적으로 설립된 참여연대나 경제 정의 실현을 위한 경제정의실천시민연합(경실련) 그리고 소비자의 권리 보호를 위해 활동하는 녹색소비자연대나 한국소비자생활연구원, 그 밖에 환경 문제와 관련하여 환경운동연합, 녹색연합, 녹색교통운동 그리고 '작은 친절이 아름다운 세상을 만든다' 는 구호 아래 다양한 문화 시민운동을 전개하는 문화시민운동중앙협의회 등 다양한 시민 단체들이 여러 영역에서 활동하고 있다.

명노충(2005)은 시민 단체가 갖추어야 할 조건을 다음의 몇 가지로 제시하였다.

① 자발성

시민 단체란 구성원들이 자발적으로 설립한 단체여야 한다.

② 공식성

구성원과 재정에 대한 공식적인 규정과 구체적 활동을 위한 내부 조직을 갖추고 정기적으로 활동해야 한다.

③ 비영리성

시민 단체는 영리를 추구하지 않는 단체이다.

④ 정치적 중립성

특정 정치인이나 정당, 정치 집단을 위해 활동해서는 안 된다.

⑤ 종교적 중립성

특정 종교를 전파하기 위해 활동하는 단체는 제외한다.

⑥ 공익성

친목도모가 아닌 사회공익을 위해 조직된 단체이다.

2) 시민 단체의 사회적 역할과 기능

김영호 외(2009)는 사회 감시자로서 시민 단체의 주요 역할을 다섯 가지로 제시하고 있다.

첫째, 정치적 갈등이 첨예하게 대립되는 상황에서 이해 관계자들 간의 협상을 돕는 행정조정자의 역할을 한다.

둘째, 시민과 지방자치 단체 사이의 매개 고리 역할을 담당한다. 즉, 시민 단체를 통해 시민의 요구를 결집하여 지방자치 단체에 전달할 수 있다. 또한 지방자치 단체의 입장에서는 시민의 욕구를 정확히 파악하고 이를 바탕으로 지역의 정책을 결정하고 집행할 수 있다.

셋째, 지방자치 단체를 감시하는 감시자의 역할을 한다. 즉, 지방자치 단체가 제공하는 공공 서비스 체계를 감시함으로써 비효율화와 부정부패의 발생을 막는 역할을 한다.

넷째, 사회문제해결을 위한 정책 대안을 제시하는 역할을 한다.

다섯째, 시민 계도를 통해 시민들의 참여 의식을 높이는 역할을 한다.

이처럼 시민 단체가 사회 감시자로서의 기능을 다하기 위해서는 시민의 자발적 참여가 바탕이 되어야 한다. 그러나 우리나라 시민 단체의 경우 1980년대 이후에서 1990년대를 거치면서 급속한 양적 성장은 있었지만, 시민들의 폭넓은 참여가 부족하고 운영에 있어서의 자립도가 낮다는 것이 일반적인 평가이다. 따라서 지역사회 시민 단체들의 사회봉사 활동이 활성화되기 위해서는 먼저 지역주민의 지지를 확보하고 적극적 참여를 유도하는 것이 시급한 과제로 대두되고 있다. 즉, 시민들의 욕구에 맞는 활동 과제의 도출이 요구된다. 프로그램 기획 과정, 즉 욕구 파악에서부터 계획, 실행, 평가되는 모든 과정들이 시민들의 주도하에 이루어질 수 있도록 함으로써 시민들이 필요로 하는 프로그램이 기획, 실행될 수 있도록 해야 할 것이다. 또한 재정 기반에 있어서 정부 지원에만 의존하기보다는 지역재단기금, 개인후원자 개발 등의 노력을 통해 재원을 다원화할 필요가 있다. 이는 사회단체의 재정 기반 안정화를 위해서뿐만 아니라 감시자로서의 사회 단체 기능을 유지 · 강화하기 위해 중요한 과제이다. 시민 단체 재정 기반의 심각한 편중은 운영의 자율성을 저해할 수 있고, 궁극적으로는 감시자로서의 시민 단체 기능을 저하시킬 수 있다. 요약하면, 시민 단체의 성장을 통해 사회봉사 활동의 활성화를 이루기 위해서는 무엇보다 시민들의 폭넓은 지지를 확보하고 효율적인 운영과 관리가 이루어지며, 관련 기관 및 조직들과의 연계망을 통해 지역사회 내 다양한 자원 동원 능력을 갖추는 것이 필요하다.

3) 시민 단체의 사회봉사 활동 프로그램

시민 단체들이 활발히 참여하고 있는 사회봉사 영역의 예를 몇 가지 제시해 보고자 한다.

(1) 시민 단체의 환경보호 운동

산업화 이후 무차별한 개발로 인해 환경 파괴가 급속도로 진행되면서 세계 곳곳에서 이로 인한 문제들이 가시화되고 있다. 우리나라에서 환경 문제와 관련된 운동이 시작된 것은 본격적인 산업화 이후 1970년대부터이다. 초기 환경운동은 공해로 인한 피해 보상을 위한 지역주민운동이나 지역 내 공해 유발 시설의 설립을 막기 위한 지역주민운동으로 시작되었으며, 이후 환경보호를 위한 범시민적 운동으로 발전해 왔다.

환경 문제와 관련하여 시민 단체가 실천하고 있는 대표적인 사회봉사 활동으로는 환경보존 감시원 활동, 환경 교육 실시, 지역사회 환경 미화 등을 들 수 있다(조휘일 외, 2009).

먼저 환경보존 감시원 활동으로 사회봉사자들이 대기, 수질 등 자연환경 보존 정도를 평가하는 활동에 참여하고 있다. 지역사회의 대기 및 수질 오염 정도를 측정하고 오염물질 배출이 우려되는 쓰레기처리 시설, 공장 등을 감시하는 일, 자연 경관을 보존하며 생물의 다양성을 보존하는 일에 참여하는 활동 등이 이에 포함된다.

환경 교육이란 시민 단체가 주체가 되어 환경보호를 위한 다양한 생활 교육을 실시하는 것이다. 예를 들면 에너지 절약을 위한 다양한 캠페인(예 에어컨이나 난방기를 이용한 실내온도 조정하기, 전등 소등하기, 안 쓰는 전기코드 콘센트에서 빼놓기)이나 대기 중 탄소 배출을 줄일 수 있도록 대중교통이나 자전거 이용 활성화를 위한 캠페인, 수질 개선을 위한 합성세제 안 쓰기, 물 아껴 쓰기 운동, 그 밖에 쓰레기 분리

수거나 재활용품 활용에 대한 교육 등이다.

그 밖에 환경 문제와 관련된 사회봉사 활동으로 지역사회 환경 미화 활동을 포함할 수 있다. 시민 단체가 주체가 되어 강, 호수, 공원 거리에서 환경오염물 청소, 공터 미화 작업(공원 만들기), 지역사회 화단 가꾸기 등의 사회봉사 활동을 실행하고 있다.

(2) 시민 단체의 소비자 보호 운동

시민 단체의 하나인 소비자운동 단체들은 연합된 조직 활동을 통하여 정부 관계 기관 및 기업에 대한 압력 단체의 역할을 담당하고 있다(조휘일, 1998; 조휘일 외, 2009). 우리나라의 소비자운동은 여성 단체를 중심으로 1960년대부터 시작되었다(조휘일 외, 2009). 따라서 우리나라 소비자운동의 특징으로는 먼저 여성운동조직이 소비자운동의 중심세력이 되고 있다는 점을 말할 수 있다. 지금까지 소비자운동의 발전 과정을 보면 과거 소비자운동의 주요 관심은 제품의 가격과 질에 집중되어 있었던 반면, 현재에 오면서는 그 대상을 서비스 영역, 특히 공공 서비스 영역까지 확대하여 폭넓은 활동이 이루어지고 있다.

(3) 시민 단체의 여성운동

여성 단체들은 여성의 권익을 보호하기 위해 다양한 활동을 펼치고 있다. 1980년 대 여성운동이 여성의 억압과 착취의 문제를 다룬 계급운동이었다면, 1990년대에 들어오면서 여성노동자나 여성농민, 여성빈민과 같은 하층 계급의 문제뿐 아니라 성폭력, 성희롱, 보육의 문제, 모성보호, 가사노동의 가치 문제 등 가부장적 사회에서 여성이 겪게 되는 다양한 문제들을 해결하기 위한 활동이 이루어지고 있다(조휘일 외, 2009).

시민 단체의 사회봉사 활동 사례

사례1 '열린의사회'의 의료봉사

'열린의사회'는 1997년 의사 5명과 자원봉사자 2명의 뜻을 모아 조촐하게 만든 자원봉사 단체이다. 그 후 나날이 발전해 현재 의료진(의사, 치과의사, 한의사, 약사, 간호사) 700여 명과 자원봉사자 500여 명, 후원회원 1,400여 명이 회원으로 있는 국내 최대의 순수민간의료봉사 단체로 성장하고 있다. '열린의사회'는 종교, 정치를 떠나 인도주의에만 입각해 사랑의 의술을 펼치는 것을 목표로 하고 있으며 그동안 몽골을 비롯해 남아프리카공화국, 아프가니스탄, 에티오피아, 러시아, 중국, 우즈베키스탄, 스리랑카와 미얀마, 필리핀, 인도, 콜롬비아 등 해외 각국의 어려운 이들을 찾아 의료봉사를 해왔다. 또한 연간 10회 이상의 해외진료 외에 한 달에 두 번 국내 소외계층과 농어촌 어르신들 그리고 외국인 근로자들을 대상으로 무료 진료도 하고 있으며 장애인들을 위한 목욕봉사도 매월 한 차례씩 펼치고 있다.

사례2 벽화봉사 '담쟁이'

담쟁이는 지난 1999년부터 활동을 시작한 대학생 연합 벽화자원봉사단으로 보육원, 양로원, 복지관, 학교, 공공 시설 등 아름다운 환경이 필요한 곳에 벽화를 그리며 봉사하고 있다. 처음에는 미술을 전공하는 대학생들 위주의 소규모 활동으로 시작했지만 점점 벽화를 원하는 곳이 많아지고 참여를 희망하는 봉사자들이 많아지면서 본격적으로 모두가 참여할 수 있는 벽화봉사로 거듭나 지금까지 100곳 이상의 시설에 담쟁이의 벽화가 자리 잡고 있다. '담쟁이'는 벽화를 그린다고는 하지만 미술전공학생은 10% 내외로 뜻만 맞다면 누구나 함께 할 수 있는 열린 단체이다. 서울지역 회원만 해도 500여 명이며 전국의 회원을 모두 헤아리면 800명이 넘는 인원이 활동하고 있다.

사례3 J. A Korea

J. A Korea는 1919년 설립된 청소년경제교육기관인 '주니어 어치브먼트(Junior Achievement)'의 한국지사이다. '주니어 어치브먼트'는 현재 미국 151개 도시, 세계 100여 개국에 지부를 두고 있으며 기업, 재단 그리고 개인들로부터 기부를 받아 운영되는 비영리 단체이다. 우리나라에서는 2002년 10월 국가경영전략연구원(NSI)이 청소년들에게 경제 교육 프로그램을 무상으로 제공함으로써 시작되었다. J. A Korea는 가족, 지역, 국가, 나아가 세계에 대한 올바른 인식의 틀을 만들어주며 특히 시장경제 기업경영 및 경제이해에 관한 체험 교육을 통해 미래 자신의 삶의 질을 스스로 향상시킬 수 있는 역량을 키우는 것을 목적으로 하고 있다. J. A Korea는 2002년 연희초등학교 등 2개 초등학교를 대상으로 경제 교육을 시작하여 2003~2005년까지만 해도 5만 5천 명의 학생들이 기업사회봉사자를 통해 경제 교육을 받았다. J. A Korea는 그 활발한 업적을 인정받아 2005년 7월 '세계최우수경제교육상(Outstandin New Member Nation Award)'을 수여받기도 하였다.

7. 교회를 통한 사회봉사 활동

1) 현대사회와 교회 사회봉사

최근 우리 주위에는 새로운 시대적 흐름을 표현하는 어마어마한 용어들이 속속 등장하고 있다. 세계화, 개방화, 서구화, 선진 산업화, 고령화, 정보화, 민영화, 지방화, 핵가족화 등을 말할 수 있다. 이러한 용어들은 새로운 시대의 변화와 흐름을 반영하기도 하지만 동시에 구시대에 대한 부정과 반발을 의미하기도 한다. 오늘날 한국의 사회문제는 한편으론 지정학적으로 오랫동안 전래되어 온 문제도 있지만, 다른 한편으론 새로운 시대의 흐름과 기존 전통 간의 마찰에서 파생되기도 한다.

그런데 성경에 의하면 현대사회가 안고 있는 사회문제들은 모두가 성경적 정의(biblical justice)에서 벗어난 인간 행위의 결과이다. 즉 죄악의 결과이다. 죄란 하나님의 뜻에 대한 무관심이나 거역, 믿음과 사랑에 대한 거부를 말한다. 이는 하나님으로부터 고립되려는 외면적 · 내면적 의지이며 하나님의 자리에 이 세상에 속한 것이나 자기 자신을 세워 놓는 것을 가리킨다. 이러한 불신앙은 이기심과 육욕으로 나타난다. 결국 죄란 구체적으로 하나님의 선과 정의로부터 이탈되어 인간의 이기심과 탐욕이 드러난 상태를 말한다. 이러한 하나님의 선과 정의에서 이탈된 상태에서 본래의 선하고 정의로운 상태로 돌아가도록 인도하는 것이 교회의 우선적인 사명이다.

교회는 오랫동안 지역사회를 위한 사회봉사 서비스 제공 주체로서의 역할을 수행하여 왔다. 사회복지 역사가 오래된 서구 사회를 중심으로 살펴보면 초기에는 교회들이 사회봉사 활동을 통해 지역사회에서 복지 제공의 주된 주체로서 역할을 수행하여 왔음을 알 수 있다. 그러나 교회의 타락과 교회 내부적인 문제로 인해 종교개혁이 발생하고, 그 후부터 교회는 사회봉사 활동을 통한 사회복지 제공의 주된 주체로서의 역할을 점차 상실하게 되었다. 이러한 역할상실(role loss)은 기존의 복지체계에 일종의 공백상태를 초래하게 되었고, 그 공백을 국가가 공공부조 제도를 통해서 메우게 된다. 그 후로 국가는 오늘날에 이르기까지 사회복지 제공의 주된 주체로서의 역할을 안정적이고 체계적으로 수행하게 되었으며, 결과적으로 교회는 국가의 주된 역할을 보완해 주는 소극적 주체로서의 역할 담당자로 남게 되었다. 결국 기독교적인 시각에서 보면, 사회복지가 성역에서 속역으로 넘어가고 있는 것이다. 달리 말하면 사회복지가 점차 세속화(secularization of social welfare)되어 가는 것이다.

그러나 최근 복지국가 위기론이 대두되면서 사회복지 제공 주체로서의 교회의 역할이 다시금 강조되고 있다. 복지국가를 지탱하기 위해선 막대한 재정이 필요한데 국민들의 세금에 기초해 복지재정을 운영하는 데는 한계가 있다. 또한 복지국가를 운영하기 위한 과도한 조세부담은 국민들로 하여금 복지국가가 과연 좋은 것인가 하는 의구심을 갖게 만들어 복지국가 자체에 대한 정통성의 위기를 초래하고 있다. 이러한 복지국가 위기론이 대두되자 이를 대처할 하나의 해결방안으로 복지제공 주체를 다원화해보자는 복지다원주의(welfare pluralism)가 설득력 있게 제기되고 있는 가운데 특히 교회의 역할이 새로이 강조되면서 국가와 사회의 기대도 높아가고 있다.

2) 교회의 사회적 책임과 역할

교회를 통한 사회봉사 활동을 구체적으로 정리하기 위해서는 무엇보다도 우선 교회의 사회적 책임과 역할을 먼저 살펴볼 필요가 있다.

(1) 사회문제해결자로서의 교회

교회는 사회문제를 해결하는 데 있어서 몇 가지 의미 있는 역할을 수행할 수 있다(김기원, 1997).

첫째, 가치판단자(value-judge)로서의 역할이다. 교회는 성경에 기초해 가난한 자에 대해 사람들이 행해야 할 행동규범을 제시해 줄 수 있다. 가난한 자를 멸시하거나 업신여기는 것은 죄를 범하는 것인 반면(잠 14: 21), 가난한 자를 도와주는 것은 영생을 얻기 위한 조건 가운데 하나를 성취하는 것이요(눅 18: 22), 구제를 행한 자는 더욱 풍족해질 것이다(잠 11: 24). 따라서 궁핍한 형제를 말로만 사랑하지 말고 오직 행함과 진실함으로 자신의 몸과 같이 사랑해야 한다(요일 3: 18; 눅 10: 25). 사람이 선을 행할 줄 알고도 행치 아니하면 죄가 된다(약 4: 17). 교회는 이와 같이 빈곤 문제와 관련해 선악을 구분해 주는 가치판단자로서의 역할을 수행할 수 있다.

둘째, 이슈 제기자(issue-initiator)로서의 역할이다. 이슈란 어떤 문제가 공공의 관심을 집중시켜 공공정책상의 논점으로 제시되어 관련된 사람들의 이해 갈등이 나타난 경우이다. 이슈 제기자란 일정한 사회문제를 해결하기 위해 그 문제를 제기하고 국민들에게 널리 인식시키는 사람을 말한다. 빈곤 가운데 살아가는 사람들은 대체로 자신의 문제를 감추려는 경향이 있다. 설령 사회에 알리려고 해도 이를 체계적으로 알리기 위한 자원과 수단이 없거나 접근하기가 어려운 경우가 많다. 따라서 교회는 이들을 대신해서 이들이 겪는 고통과 문제를 정부나 국민을 상대로 인식시키고 공공정책상의 논점으로 끌어갈 수 있도록 이슈 제기자로서의 역할을 할 수가 있다. 교회의 이러한 역할들은 사회행동가(social actor)로서 그리고 의식집단(conscious group)으로서 수행되어질 수 있다.

셋째, 서비스 제공자(service-provider)의 역할이다. 경제성장 결과 전반적으로 국민의 소득은 향상되었지만 아직도 절대빈곤하에 고통을 받고 있는 사람들이 우리 주위에 많이 있다. 교회는 이들이 겪는 고통을 완화해주기 위해 구제사업의 일환으로 인적 · 물적 서비스를 제공해줌으로써 이웃 사랑을 직접 실천하는 서비스 제공자로서의 역할을 수행할 수 있다. 음식을 만들어 대접하거나 주거를 제공하고, 또한 일정한 날에 아기를 위한 식품, 분유, 기타 유아용 물품 등을 수집하여 유아가 있는 가난한 사람들에게 나누어주기도 한다.

넷째, 사례관리자(case manager)로서의 역할이다. 사례관리자는 수혜대상자를 확인하고 그들의 욕구를 조사하며, 적절한 서비스를 찾아내어, 서비스 사용계획을 세우고, 수혜대상자와 자원을 연결시켜 적시에 적절한 서비스가 전달되도록 서비스 전달 과정을 감독하는 역할을 담당한다. 교회의 인적 · 물적 자원이 부족한 경우 교회는 직접적인 서비스 제공자로서의 역할을 수행하기 어려운 경우가 많다. 이러한 경우 교회는 지역사회에서 도움이 필요한 자를 확인하고 이들에게 도움을 줄 수 있는 지역사회 자원을 찾아낸 후 당사자들의 동의를 얻어 도움을 필요로 하는 자와 도움을 주고자 하는 자를 연결시켜 주고, 양자 간에 필요한 재화나 서비스가 잘 전달되도록 도와주는 사례관리자의 역할을 수행할 수 있다. 이러한 사례관리를 통해 교회는 빈곤으로 인한 고통 가운데 살아가는 이웃에게 힘이 되고, 자원

제공자에게는 선행을 할 수 있는 기회를 제공해줌으로써 이웃과 더불어 살아가는 공동체를 건설하는 계기를 만들 수 있다.

다섯째, 프로그램 개발자(program developer)로서의 역할이다. 교회는 정부나 사회복지기관들과는 달리 지역사회 주민이 곧 교인이므로 주민의 문제와 욕구를 가장 정확하게 파악할 수 있는 장점이 있다. 문제가 무엇인지, 욕구가 무엇인지, 누가 그 문제로 고통을 받고 있는지, 문제가 얼마나 심각한지, 얼마나 광범위하게 퍼져 있는지, 문제를 발생시킨 원인이 무엇인지, 프로그램은 실현 가능한지 등에 관해서 지역사회의 교회는 정확하게 확인할 수가 있다. 따라서 교회는 이러한 정확한 정보에 근거해서 그가 위치한 지역사회의 특성과 수혜대상자에 가장 적합한(client-friendly) 빈곤퇴치 프로그램이나 빈곤완화 프로그램을 개발해 낼 수 있는 프로그램 개발자로서의 역할을 수행할 수 있다. 개발된 프로그램은 지방정부나 지역사회의 복지기관에 제공해 줄 수 있다.

여섯째, 사회교육자(social educator)로서의 역할이다. 교회는 사람들이 빈곤에 빠지지 않도록 근면하게 생활할 것을 가르치며, 그가 속한 사회의 행동기준이나 건전한 문화를 수용하고, 독립된 주체로서 사회생활을 해 나가는데 필요한 원리나 기술을 학습시키는 역할을 수행할 수 있다. 청소년 비행의 원인 가운데 하나가 빈곤이다. 교회는 영성 교육과 소양 교육을 통해 청소년들이 빈곤상황에 빠지지 않도록 도와주거나 현재의 빈곤상태를 탈피할 수 있도록 인도해 줄 수 있다. 특히 비행이나 범죄행위의 보호관찰 대상이 된 청소년들에게 일정 시간 필요한 교육을 시키는 수강명령 제도의 집행기관으로서 교회는 이들 청소년들에게 성경에 바탕을 둔 사회 교육을 실시할 수 있다. 사회 교육을 통해서 이미 바람직하지 못한 형태로 사회화된 청소년들의 인성을 수정하여 올바르고 사회에 바람직한 인성으로 변화시키는 재사회화(resocialization) 기능을 수행할 수 있다(김기원, 1995). 또한 음주 단절모임, 마약단절모임, 도박단절모임 등과 같은 자조 집단(self-help group)을 위한 모임 장소로 교회의 일부 시설을 제공해줌으로써 문제나 어려움이 있는 사람들이 상호작용할 수 있는 모임의 장을 마련해 주고 이를 통해 자신의 비행 문제를 스스로 해결할 수 있는 기회를 제공해 줄 수 있다.

일곱째, 재원조달자(fund raiser)로서의 역할이다. 교회는 빈민구제사업을 실시하기 위한 재원을 자발적으로 마련할 수 있는 위치에 있다. 고아, 과부, 임시 체류 외국인, 유산이나 재산이 없는 목회자를 돕기 위해 소득의 십분의 일을 봉헌(신 14:29)하는 십일조는 대표적인 예이다. 사회봉사주일헌금과 같은 특별헌금도 빈민구제 재원으로 사용될 수 있다. 교회는 빈민구제모금을 위한 특별한 행사를 실시할 수도 있다. 미국의 교회들은 '모금을 위한 걷기(CROP Walk)'를 실시해 빈민구제기금을 모금한다. 이 기금은 굶주림으로 고통을 받는 사람과 부랑인을 돕기 위한 사업을 실시하는 기관들을 후원하는 데 사용되고 있다. 때로는 '기아퇴치를 위한 걷기(Hunger Walk)'라는 이름으로 모금행사가 전개되기도 한다. 또한 자선음악회를 열거나 일일장터를 열어 자선기금을 모금하기도 한다.

여덟째, 자원봉사관리조정자(volunteer manager or coordinator)로서의 역할이다. 일반적으로 자원봉사란 유형적인 이득에 대한 관심 없이 필요가 인식되어졌을 때 강제나 강요 없이 자발적으로 사회적 책임의식에 따라 행동하기를 선택하는 것을 말한다. 교회는 자원봉사의 황금어장이다. 교회는 간병 활동, 가정봉사, 탁아, 학습 지도, 호스피스 등과 같은 다양한 분야에서 필요한 사회봉사 수요를 파악하고 활용 가능한 봉사자를 확보한 후, 필요한 곳에 봉사자를 공급하여 주는 자원봉사관리조정자의 역할을 수행한다.

3) 교회 사회봉사 실천방법

교회를 통한 사회봉사 활동은 하나님을 본받는 자세로 실천되어야 한다. '하나님을 본받음(imitatio dei)' 이란 일반 사회복지의 실천방법과 구별짓는 것으로 교회 사회봉사 특유의 실천방법이다. 하나님을 본받는 일은 하나님이 하시는 일에 동참하는 것이다. 예수님께서 섬기는 마음으로 거룩하고 자비롭게 은혜로 일을 하신 것처럼 교회 사회봉사도 섬김의 자세로 거룩하고 자비롭고 은혜롭게 실천되어야 한다.

(1) 거룩하게 실천

거룩에는 예배적인 요소와 도덕적인 요소가 있다. 거룩은 여호와의 백성의 본질적인 특질이다.

> 여호와께서 모세에게 일러 가라사대 너는 이스라엘 자손의 온 회중에게 고하여 이르라 너희는 거룩하라 나 여호와 너희 하나님이 거룩함이니라. (레 19: 1–2)
>
> 사랑을 입은 자녀같이 너희는 하나님을 본받는 자가 되고(Be imitators of God), 그리스도께서 너희를 사랑하신 것같이 너희도 사랑 가운데서 행하라. (엡 5: 1–2)
>
> 너희가 순종하는 자식처럼 이전 알지 못할 때에 좇던 너희 사욕(evil desires)을 본 삼지 말고 오직 너희를 부르신 거룩한 자처럼 너희도 모든 행실에 거룩한 자가 되라 기록하였으되 내가 거룩하니 너희도 거룩할지어다(Be holy, because I am holy.) 하셨느니라. (벧전 1: 14–16)

교회 사회봉사를 실천함에 있어서 서비스 제공 과정에 관련된 사람들은 자신의 사리사욕을 좇지 말고 이타적인 정신으로 거룩하게 실천해야 한다. 참된 의미의 거룩함이란 자신을 자신의 소유가 아닌 하나님의 소유물로 만드는 것이다.

(2) 섬김의 자세로 실천

예수 그리스도께서는 이 땅에 봉사자로, 섬기는 자로 오셨다. 봉사는 섬긴다(serve)는 의미이다. 남을 섬기기 위해서는 스스로를 낮추어야 한다. 예수께서는 이 세상의 천하고 멸시받고 궁핍한 천민계급의 사람들까지도 섬기기 위해, 이들을 위로하고 도와주며 치유하고 희망을 주기 위해 스스로 가장 낮은 자로 임하셨다.

교회 사회봉사를 행함에 있어 봉사자는 예수 그리스도의 봉사 자세를 본받아 실천해야 하다. 공무원이 공복(公僕: public servant)이라는 봉사 자세로 국민들을 대하여야 하듯이 교회 사회봉사 봉사자들이나 관계인들은 성복(聖僕: holy servant), 즉 거룩한 종, 하나님의 종이라는 봉사 자세로 세상과 구별되게 봉사에 임해야 한다. 참된 의미의 섬김은 주님께서 사용하시도록 자신을 맡기는 것이다. 참된 섬김은 주님께서 사용하시도록 그에게 굴복하는 것이다. 그러면 성령께서 행위자가 되시며, 우리는 그의 도구가 된다. 그와 같은 섬김이 거룩한 섬김이다.

(3) 영생을 얻게 하는 사업이라는 사명감으로 실천

성경은 교회 사회봉사는 사람들을 천국으로 인도하여 영생을 얻게 하는 필수적인 조건임을 천명하고 있다. 예수께서는 율법의 가장 큰 계명은 하나님 사랑과 이웃 사랑임을 가르치고 계신다.

네 마음을 다하고 목숨을 다하고 뜻을 다하여 주 너의 하나님을 사랑하라. 이것이 첫째 계명이요, 둘째는 네 이웃을 네 몸과 같이 사랑하라. (마 22: 37-39)

이것은 하나님의 계명을 지키고 동시에 이웃 사랑을 실천할 것을 말씀하신 것으로 교회 사회봉사의 실천적인 모습인 이웃 사랑은 율법의 가장 큰 계명 가운데 하나를 실천하는 것이다. 보다 구체적으로 성경은 강도 만난 자의 이야기를 통해 무엇을 해야 영생을 얻을 수 있는지를 선포하고 있다.

율법사가 예수를 시험하여 가로되 "무엇을 하여야 영생을 얻으리이까?"

예수께서 이르시되 "율법에 무엇이라 기록되었으며 네가 어떻게 읽느냐?"

율법사가 대답하기를 "네 마음을 다하며 목숨을 다하며 힘을 다하며 뜻을 다하여 주 너의 하나님을 사랑하고 또한 네 이웃을 네 몸과 같이 사랑하라."고 하였나이다.

예수께서 이르시되 "대답이 옳도다. 이를 행하라 그러면 살리라(Do this and you will live)."

율법사가 이웃이 누구인지에 대해 묻자 예수께서는 강도 만나 거의 죽은 자를 보고 가서 자비를 베푼 자가 바로 강도 만난 자의 이웃이라고 말씀하신다(눅 10: 25-37).

어떤 관원이 물어 가로되 "선한 선생님이여! 내가 무엇을 하여야 영생을 얻으리이까?"

예수께서 이르시되 "네가 계명을 알고 지키었으나 오히려 한 가지 부족한 것이 있으니 네게 있는 것을 다 팔아 가난한 자들을 나눠 주라…, 하나님의 나라를 위하여 집이나 아내나 형제나 부모나 자녀를 버린 자는…, 내세에 영생을 받지 못할 자가 없느니라(눅 18: 18-30).”

예수 그리스도께서 자기 영광으로 모든 천사와 함께 올 때에 모든 민족을 그 앞에 모으시고 양과 염소를 분별하듯이 의인과 악인을 구별하시고 의인들은 복을 주사 창세에 예비하신 나라를 상속케 하시어 영생(eternal life)을 누리게 하시고, 악인들은 저주하시어 마귀와 마귀의 사자들을 위해 예비하신 영원한 불(eternal fire)에 들어가게 되는 영벌(eternal punishment)을 받게 됨을 천명하고 계신다. 예수께서 말씀하시는 의인은 형제 중에 주린 자, 나그네, 헐벗은 자, 병자, 옥에 갇힌 자와 같은 지극히 작은 자(the least of persons)들이 고통 속에 신음하고 있을 때 이들 하나에게 베푼 자를 의미하고 이들에게 베푼 것이 곧 자신에게 베푼 것이라 말씀하셨다. 반면에 악인은 지극히 작은 자들이 고통 가운데 있을 때 이들 하나에게 베풀지 아니한 자들을 의미하며, 지극히 작은 자 하나에게 베풀지 아니한 것이 곧 자신에게 베풀지 아니한 것이라 천명하셨다(마 25: 31-46).

(4) 자비롭게 봉사

자비(mercy: 慈悲)란 자(慈)와 비(悲)의 합성어이다. ‘자’는 사랑하는 마음을 가지고 사람들에게 즐거움을 주는 것이고, ‘비’는 연민의 정을 가지고 사람들의 고통을 없애 주는 것이다.

> 너희 아버지의 자비하심같이 너희도 자비하라(Be merciful, just as your Father is merciful). (눅 6: 36)

성경은 성도들에게 하나님의 자비하심을 본받으라고 명령하고 있다. 인간의 자비란 이웃을 돕고 구제하는 행위에서 보여지는 이웃에 대한 헤아림과 동정을 나타내는 것이다. 자비는 타인의 고통을 자신의 고통으로 여기는 것으로 주는 자와 받는 자가 모두 마찬가지의 충만함을 느끼게 된다.

성경은 자비의 구체적인 모습을 가르쳐 주고 있다. 예수께서는 여리고로 가는 길에 강도 만나 거의 죽어 가는 사람에 대한 제사장과 레위 인과 사마리아 인의 태도를 비교하시고 강도 만난 자에게 자비를 베푼 사마리아 인이 그의 이웃이라 말씀하셨다. 사마리아 인이 보여준 자비의 모습은 다음과 같이 네 단계로 설명할 수 있다.

첫째, 먼저 거의 죽어 가는 처지에 있는 자, 어려운 처지에 있는 자를 바라보았다.

둘째, 바라보고 그리고 불쌍히 여겼다. 어려운 처지에 있는 자를 보고 피하여 지나간 것이 아니라 바라보고 연민의 정을 느낀 것이다.

셋째, 거의 죽어 가는 자에게 가까이 가서 기름과 포도주를 그 상처에 붓고 싸매고 자기 짐승에 태워 주막으로 데리고 가서 돌보아 주었다. 어려운 처지에 있는 사람들이 겪고 있는 현실적 고통을 자기 소유물을 사용하여 완화시켜 준 것이다.

넷째, 사마리아 인은 이튿날 은화 두 개를 주막 주인에게 주며 계속 돌보아 주라 부탁하고 추가 비용이 더 들면 자기가 돌아올 때 갚아 주겠다고 하였다. 즉 고통에 처한 자가 지속적으로 보살핌을 받을 수 있도록 조치를 해주고 계속 관심을 갖고 지켜보는 것이다.

이러한 사마리아 인의 모습이 바로 '자비로운 자' 의 모습이고 그들이 바로 고통받는 자의 이웃인 것이다(눅 10: 30-37).

하나님께서 요구하시는 자비의 모습은 원수까지 사랑하고 선대하며 은혜를 모르는 자나 악한 자에게도 자비를 베푸는 것이다.

오직 너희는 원수를 사랑하고 선대하여 아무것도 바라지 말고 빌리라 그리하면 너희 상이 클 것이요 또 지극히 높으신 이의 아들이 되리니 그는 은혜를 모르는 자와 악한 자에게도 인자로우시니라 너희 아버지의 자비하심같이 너희도 자비하라. (눅 6: 35-36)

(5) 하나님의 영광을 위해 봉사

교회 사회봉사를 위한 모든 구제와 봉사행위는 사람의 영광을 위해서 하는 것이 아니라 하나님의 영광을 위해서 '그리스도의 이름'으로 행해져야 한다. 병자를 방문하고 가난한 자를 공궤하고 감옥에 있는 자를 도와주는 것을 자신의 이름을 빛내려 하거나 자신의 영광을 구하려는 공명심으로 행하는 것이 아니라, 그리스도의 명령에 대한 순종으로 그리스도의 정의가 이 땅에 실현되도록, 하나님의 영광을 구하기 위해 행해져야 하는 것이다. 즉, 오른손이 하는 것을 왼손이 모르게 은밀한 가운데 봉사하고 구제에 임해야 한다.

사람에게 보이려고 그들 앞에서 너희 의를 행치 않도록 주의하라. 그렇지 아니하면 하늘에 계신 너희 아버지께 상을 얻지 못하느니라. 그러므로 구제할 때에 외식하는 자가 사람에게 영광을 얻으려고 회당 거리에서 하는 것같이 너희 앞에 나팔을 불지 말라 진실로 너희에게 이르노니 저희는 자기 상을 이미 받았느니라. 너는 구제할 때에 오른손의 하는 것을 왼손이 모르게 하여 네 구제함이 은밀하게 하라 은밀한 중에 보시는 너의 아버지가 갚으시리라. (마 6: 1-4)

사람이 하나님의 뜻을 행하려 하면 이 교훈이 하나님께로서 왔는지 내가 스스로 말함인지 알리라. 스스로 말하는 자는 자기 영광만 구하되 보내신 이의 영광을 구하는 자는 참되니 그 속에 불의가 없느니라. (요 7: 17-18)

(6) 받은 은사대로 충실히 겸손하게 봉사

하나님께서는 믿는 사람들에게 서로 다른 직분을 주시고 서로가 자기에 맡겨진 직분에 충실하고 협력하여 하나가 되어 하나님의 뜻을 이루기길 원하신다. 기독교 사회봉사를 행함에 있어서도 어느 한 사람이 모든 업무들을 다하려 하거나 다른 직분의 일까지 하려 하지 말고 각 사람에게 맡겨진 은사에 따라 충실하게 봉사하도록 노력해야 한다. 믿음의 형제들인 동료를 사랑하고 우애하고 존경하길 서로 먼저하며, 주의 뜻을 행하는 것이므로 부지런히 그리고 열심히 행해야 한다. 아무 일에든지 다툼이나 허영으로 하지 말고 오직 겸손한 마음으로 봉사해야 한다.

> 내게 주신 은혜로 말미암아 너희 중 각 사람에게 말하노니 마땅히 생각할 그 이상의 생각을 품지 말고 오직 하나님께서 각 사람에게 나눠주신 믿음의 분량대로 지혜롭게 생각하라. 우리가 한 몸에 많은 지체를 가졌으나 모든 지체가 같은 직분을 가진 것이 아니니… 우리에게 주신 은혜대로 받은 은사(gift)가 각각 다르니… 혹 섬기는 일이면 섬기는 일로… 구제하는 자는 성실함으로… 긍휼을 베푸는 자는 즐거움으로 할 것이니라. 형제를 사랑하여 서로 우애하고 존경하기를 서로 먼저하며 부지런하여 게으르지 말고 열심을 품고 주를 섬기라… 성도들의 쓸 것을 공급하며 손 대접하기를 힘쓰라. (롬 12: 3-13)

> 그리스도 안에 무슨 권면이나 사랑에 무슨 위로나 성령의 무슨 교제나 긍휼이나 자비가 있거든 마음을 같이하여 같은 사랑을 가지고 뜻을 합하여 한마음을 품어 아무 일에든지 다툼이나 허영으로 하지 말고 오직 겸손한 마음으로 각각 자기보다 남을 낫게 여기고 각각 자기 일을 돌아볼 뿐더러 또한 각각 다른 사람들의 일을 돌아보아 나의 기쁨을 충만케 하라. (빌 2: 1-4)

교회 사회봉사 활동 사례

사례1 장애우와 함께하는 남서울은혜교회

남서울은혜교회는 봉사와 선교 그리고 장애우 사역을 우선으로 주님의 사랑을 전하고 있다. 그리스도의 사랑으로 자폐아동들을 위한 밀알학교와 연구소, 장애인 작업장(교회 5층)을 세워 장애우 교육과 재활을 돕고 있으며, 정상급의 음악가들이 주관하는 밀알음악회와 상설전시관인 밀알미술관을 통해 장애우들의 문화욕구충족과 자신들을 표현할 수 있는 장을 마련했다. 또한 한국밀알선교단과 사회복지법인 밀알복지재단을 비롯하여 다양한 선교 · 복지 단체들의 운영 및 활동을 지원하고 있다.

장애우들과 비장애인들이 함께하는 공동체 통합예배와 통합 교육을 통해 하나가 되도록 노력하고 있는데 주요 예배는 수화통역 그리고 수화 교육이 정기적으로 시행된다. 장애별 특성이 고려된 각 양육부서를 통해 장애우들을 그리스도의 제자로 길러내는 사명을 수행하고 있다.

- 밀알부는 정서장애 아동들을 섬기는 부서로 학생들이 예수마당(주일학교) 각 부서와 함께 예배드리고 함께 교육받는다. 헌신된 교사들이 일 대 일로 아동을 맡아 섬기며 돌보고 있다.
- 농아부는 청각 장애우 모임이다.
- 아만나부는 언어로 의사소통이 가능한 모든 장애우들, 그리고 이들을 위해 봉사하는 비장애우들이 함께 하는 모임이다.

출처: http://nsgrace.org/

사례2 사회복지법인 사랑의복지재단

❶ 21세기 비전

- 사랑의교회 21세기 비전인 '지역사회를 책임지는 교회'를 구현하는 사명 수행
- 선교와 동행하는 복지모형을 통한 시너지효과 극대화
- 국내외 사회안전망 구축의 선도적 역할 담당

❷ 주요사업

- 장애인 시설, 사회복지관을 운영함으로써 지역사회에 기여한다.
- 교회사회복지에 관한 조사, 연구 및 자료집을 제작한다.
- 운영 시설 사회복지종사자의 교육훈련과 복지증진을 도모한다.
- 교회사회사업 아카데미, 기독교복지순례, 사회봉사대학 등 교회사회사업 훈련 프로그램을 운영한다.
- 외국의 교회사회복지 모형 연구 및 국제기독교복지 단체와 교류한다.
- 교회사회사업학회, 교회사회사업실천가모임 등 전문적인 학술 및 연구 단체를 후원한다.

출처: http://www.sarangfare.org/

8. 세계와 더불어 할 수 있는 사회봉사 활동

국제 사회봉사와 국제협력의 정의의 구별이 필요한데, 국제 사회봉사 활동이란 저개발국가에서 거주하며 지역사회의 발전을 위한 지역사회 개발, 교육, 의료 분야에서의 활동을 의미하고, 국제협력은 서로 다른 국민들이 다 함께 잘살기 위해 국경을 넘어 이념과 사상, 인종과 피부색, 종교와 관습 등 차별의 벽을 넘어 서로 이해하고 돕는 나눔과 봉사의 공동협력을 의미한다(이배근 외, 1997).

현재 우리나라의 정부, 국제기구와 민간 단체(NGO)들이 각국 특히 저개발국가에서 사회봉사 활동을 하고 있다. 우리나라는 일제의 수탈과 6 · 25 폐허 위에서 꾸준히 외국의 원조를 받아 왔으나 전 국민의 단결과 노력으로 경제성장을 일구어 내어 1995년에 와서는 원조수혜국에서 졸업할 수 있었다. 2010년에는 경제협력개발기구(OECD) 특별회의에서 원조선진국 클럽인 개발원조위원회(Development Assistant Committee)의 24번째 회원국이 됐다. 이는 아시아에서 일본에 이어 2번째로 원조수혜국에서 원조지원국으로 전환한 첫 사례이다.

1) 국제 사회봉사 활동의 유형

(1) 장기체류형 봉사

1년 이상 현지에 체류하면서 개발 활동을 하는 장기체류형 사회봉사 활동을 말한다. 장기체류형 사회봉사는 개발도상국 및 빈곤국가에서 지역주민들을 위한 교육, 지역사회 개발, 의료, 문화교류 등 다양한 활동을 한다.

(2) 단기체류형 봉사

단기간에 사회봉사 활동을 실천하거나 특정한 경험을 쌓기 위해 참여하는 경우로서 활동지에서 일정기간을 거주하면서 상근이나 비상근으로 활동하는 유형을 말한다.

(3) 긴급구조형 봉사

재난에 따른 긴급사태에 대한 원조 형태로서의 긴급 사회봉사이다. 예를 들어, 아이티 지진 피해 긴급구호대 파견, 미얀마 사이클론 피해 긴급구호대 파견, 라오스 수해 의약품 지원 등 재난 현장에서 국제사회와 함께 활발한 지원 활동을 벌이는 것을 의미한다.

(4) 워크캠프형 봉사

2~3주 정도로 기획되어 저개발국가에서 거주하며 지역사회 개발, 교육, 의료 분야에서의 활동을 경험하는 워크캠프 형태의 국제 사회봉사 활동을 말한다.

2) 국제 사회봉사 활동의 프로그램 종류

이배근 외(1997)는 국제협력 사회봉사 프로그램을 난민 및 빈민 국제구호, 제3세계 개발 지원, 외국인 보호 및 후원, 국제친선교류로 분류하였다.

|표 5-4| 국제협력 사회봉사 프로그램

목표	서비스	프로그램
난민 및 빈민 국제구호	기술 지원	• 르완디 난민 정착 지원, 기아봉사단 파견
	의료 지원	• 르완다 난민 아동의료 지원
	모금 활동	• 평화의 주머니 보내기, 사랑의 달리기 모금, 사랑의 동전 모으기, 북한 어린이 급식 후원, 사랑의 굶기 운동, 사랑의 맨발 걷기, famine 24시 운동, 사랑의 빵 운동 등
	업무 지원	• 동전분류 업무 지원, 카드분류와 봉입
제3세계 개발 지원	기술 지원	• 베트남 직업훈련원 사업, 르완다 재건 교육 지원, 네팔 상수원 건설
	행정 자문	• 연변지역 새마을운동, 인도네시아 양돈 사업, 방글라데시 양어장 사업, 인도네시아 멜론 재배
	교육 지원	• 연변과학기술대학 교육봉사, 필리핀 교육봉사, 스리랑카 한국어 교육, 인도 초등학교 교육, 베트남 태권도 교육, 중국 한국어 교육, 스리랑카 보건 교육
	의료 지원	• 네팔 적십자사 혈액원 지원, 네팔 진료소 건립, 네팔 병원 및 학교 건립, 탄자니아 의료 지원, 네팔 가족계획 업무
외국인 보호 및 후원	권익옹호	• 외국인노동자 법률상담소 운영, 외국인 상담소 상담
	의료 지원	• 외국인 상담소 의료 지원
	교육 지원	• 외국인 상담소 번역 및 통역, 해외입양동포 모국어 연구
	위문 활동	• 외국인 노동자 문화축제
국제친선교류	현장 활동	• 국제기독교 청소년 교류, 청소년 국제교류 파견사업
	지원 활동	• 외국 청소년 민박, 한국-에티오피아 친선 교류, 한국-일본 적십자 교류

출처: 이배근 외(1997). 자원봉사 프로그램 백과(국제협력). p. 19.

3) 국제 사회봉사 관련기관

우리나라에서는 몇 주부터 몇 년까지 제3세계 저개발 지역에 머물면서 국제 사회봉사 활동을 할 수 있는 정부, 국제기구 및 민간 단체(NGO)들이 있다. 대표적인 기관들로는 한국국제봉사기구(Korea International Volunteer Organization), 한국국제협력단(Korea International Cooperation Agency), 한국이웃사랑회(Good Neighbors), 코피온: 세계 청년 봉사단(COperation Participation In Overseas NGOs) 등이 있다.

(1) 코피온(COperation Participation In Overseas NGOs)

코피온(COperation Participation In Overseas NGOs)은 아시아, 아프리카, 중남미 등 세계 43개국 150여 개 해외 NGO에 3,000여 명의 청년 및 시니어 봉사단원들을 정기적으로 파견하였으며, 세계 각국의 빈곤완화 사업, 지역 개발 및 문화, 복지 사업을 지원해 왔다.

코피온은 세계청년봉사단에서 코피온으로 명칭을 변경한 후 단체의 비전을 좀 더 구체화하여 해외 사회봉사단 파견을 전문화하였다.

코피온에서의 국제 사회봉사 활동은 장기 해외봉사와 단기 해외봉사가 있는데, 장기 해외봉사는 네팔, 러시아, 스리랑카, 인도, 캄보디아, 파라과이 등에서 6개월에서 1년 단위로 각 국가별로 필요한 분야에서 사회봉사 활동을 한다. 단기 해외봉사는 7일에서 20일 단위로 빈곤국가에서 사회봉사 활동을 하는 것으로 단기 해외봉사 유형은 일반단기봉사, 정부지원봉사, 기업봉사 그리고 가족봉사가 있다.

코피온의 해외봉사는 20세 이상의 남 · 녀면 지원할 수 있는데 20~35세의 학생 및 일반인들은 코피온 주니어(COPION Junior) 단원으로, 36세 이상의 중 · 장년층 전문가와 일반인들은 코피온 시니어(COPION Senior) 단원으로 지원이 가능하다.

(2) 한국국제협력단(Korea International Cooperation Agency)

한국국제협력단(Korea International Cooperation Agency)은 함께 잘사는 인류 사회 건설이라는 숭고한 이상을 실현하기 위해 개발도상국의 경제 · 사회 발전을 지원코자 1991년에 정부기관으로 설립되었다. 한국국제협력단은 정부 차원의 대외무상협력사업을 전담하는 기관으로써 개발도상국가의 경제 · 사회 발전 지원을 통해 국제개발협력을 증진하는 데 목적을 두고 있다.

한국국제협력단은 아시아, 아프리카, 중남미, 중동 등 세계 28개국 29여 개 사무소에서 각국의 경제 · 사회 발전을 지원해 왔다. 한국국제협력단의 주요 사업은 개발도상국가들의 국가발전 및 빈곤퇴치를 위한 프로젝트 사업, 개발도상국가의 정책입안자와 기술인력들을 초청하여 우리나라 경제발전의 경험과 기술을 전수해주는 프로그램인 국내초청연수, 저개발국가에서 거주하며 지역사회의 발전을 위해 기술이전 및 개발경험 전수 등을 목적으로 하는 해외봉사단파견사업(World Friends Korea)이 있고, 그 밖의 한국국제협력단의 활동으로는 해외재난긴급구호, 평화구축 지원 사업, 민-관 협력 사업, 국제기구를 통한 지원 사업 등이 있다.

해외봉사단파견사업은 한국국제협력단의 개발도상국에 대한 무상원조사업의 일환으로 추진되는 대표적인 국민참여형 협력사업이다. 만 20세 이상 만 62세 이하의 국민으로 교육, 보건의료, 산업 및 에너지, 정보통신, 지역 개발, 행정 제도, 환경 및 여성 등 7개 분야의 전문지식을 보유하고 있는 사람들이 지원할 수 있다.

해외봉사단파견사업은 일반봉사단원과 국제협력요원으로 구분되는데 일반봉사단원은 파견기간이 2년(현지적응 훈련기간 포함)이고 만 20세 이상 만 62세 이하 대한민국 국민으로 지원직종에 대한 전문지식과 기술을 보유한 자(남자의 경우 군필자 또는 면제자)와 만 50세 이상 대한민국 국민으로 지원직종 경력 10년 이상인 자의 시니어 봉사단원으로 구분된다. 국제협력요원은 파견기간이 24개월(총 복무기간 30개월)로 현역병 또는 보충역 입영대상자 중 지원 분야 업무수행에 필요한 전문지식과 기술을 보유한 자와 파견기간이 24개월(총 복무기간 30개월)인 국제협력의사로서 전문의 자격증 소지자 혹은 당해년 취득예정자로서 병역법 제3조에 의해 국제협력의사로 편입이 가능한 자로 해외봉사파견에 참여할 수 있다.

(3) 한국국제봉사기구(Korea International Volunteer Organization)

한국국제봉사기구(Korea International Volunteer Organization)는 인류가 함께 행복하게 사는 것을 목표로 저개발국가들과 문화적 교류, 경제협력, 영농 기술 보급, 의료봉사, 구호 활동, 사회복지, 환경보호, 교육 분야에서 활동하고 있는 국제민간봉사 단체(INGO)이다. 현재 한국국제봉사기구는 제3세계 구호 활동을 전개하는 국제부와 사회복지 시설 위탁운영 등 복지 활동을 중심으로 하고 있는 국내부로 나눠 활동하고 있다.

국제부 활동은 세계 저개발국가에서 식량, 의약품 및 구호품을 지원하는 긴급구호 활동, 문명 교육과 전문 교육을 비롯한 교육사업, 사회적 약자들을 대상으로 인간존엄성 구현을 위한 사회봉사 사업, 의료봉사 사업, 실질적이고 효율적인 지원·협력을 위한 현지조사 및 연구 사업, 봉사자파견 사업, 경제자립 지원 연구 사업을 실시하고 있다.

해외봉사 활동은 장기와 단기로 나뉘는데 장기 자원봉사 활동으로는 500인의 식탁 무료급식 프로그램 관련 지원, 1,000명의 천사 결연 후원 관련 현장 참여, 직업교육 지원, 농업 지원 관련 봉사 활동, 에이즈 및 질병 예방 관련 교육, 의료봉사 활동이 있다. 단기 자원봉사 활동(동계, 하계 선발-KVO 국내봉사자 우선 선발)은 500인의 식탁 무료급식 보조 지원, 1,000명의 천사 결연 후원 집 방문, 다양한 교육 프로그램 활동, 아프리카 문화 체험, 의료봉사 활동이 있다.

(4) 한국이웃사랑회 굿네이버스(Good Neighbors)

한국이웃사랑회 굿네이버스(Good Neighbors)는 가난하고 소외된 지구촌 이웃들의 문제에 관심을 가지고 이를 전문적으로 해결해야 한다는 사회적 요청에 부응코자 1991년 3월 한국인에 의해 설립되었다. 세계 16개 국가에 자원봉사 단원들을 파견하여 세계 각국의 빈곤완화 사업, 지역 개발 및 문화 · 복지 사업을 지원해 왔다.

굿네이버스는 1997년 방글라데시를 시작으로 굿네이버스 해외사업장에 대학생 · 청년들로 구성된 중장기 자원봉사단을 파견하여 개발도상국 곳곳에서 고통받고 있는 지구촌 이웃들을 위해 교육, 지역사회 개발, 의료, 문화교류 등 다양한 활동을 펼쳐 왔다. 굿네이버스의 해외봉사 활동 프로그램인 GNVol(Good Neighbors Volunteers)은 중장기, 단기, 긴급구호의 형태로 자원봉사단원들을 파견해 왔다. 중장기 자원봉사는 1997년부터 2008년까지 에티오피아, 르완다, 탄자니아, 이집트, 케냐 등 아프리카 5개국과 방글라데시, 아프가니스탄, 캄보디아, 인도네시아, 몽골, 네팔, 필리핀, 스리랑카, 타지키스탄, 베트남, 인도 등 아시아 11개국 총 16개 국가에 235명의 단원을 파견하여 활동하고 있다. 굿네이버스는 중장기 자원봉사단 파견과 더불어 매년 여름 및 겨울 방학을 활용하여 대학생 및 청년 단기봉사단을 파견하고 있다. 굿네이버스 해외지부로 파견된 봉사자들은 의료, 노력봉사, 아동 교육 등 다양한 활동을 통해 굿네이버스 해외지부의 사업을 촉진시키는 역할을 하고 있다.

생각 다듬기

1. 사회봉사 활동의 장에 따라 다양하게 펼쳐지는 봉사 활동의 필요성에 대해 생각해 봅시다.
2. 각각의 영역별로 사회봉사 활동을 보다 활성화시킬 수 있는 방안에 대해 토론해 봅시다.
3. 각자의 사회봉사 활동 경험을 돌아보고 긍정적인 면과 부정적인 면으로 나누어 이야기해 봅시다.

강남대학교 임현승 교수의 '네팔 그들의 삶, 그들의 이야기'

세계 최대의 거봉들이 병풍처럼 펼쳐지는 히말라야 산맥, 일 년 내내 만년설로 뒤덮이고 그 주위에 깔려 있는 운해와 빙하, 옥빛 호수와 강 그리고 깊은 골짜기들로 연결되어 있는 거봉들을 가까이 대면할 수 있는 나라 네팔(Nepal). 이곳에 나와 학생들은 ICSD(International Consortium for Social Development)에서 개최하는 국제학술세미나에 참석하기 위해 네팔에 방문하게 되었다. 7시간 30분 정도의 비행 후 네팔의 수도 카트만두 트리부반 국제공항(Tribhuvan International Airport)에 도착했다.

나를 반겨주는 것은 절친한 친구 심한기와 그의 직원 이하니 그리고 현지인 셰르파, 이들 덕분에 난생 처음 꽃목걸이를 받았다. 강남대학교 사회복지학부 출신인 심한기는 '품' 이라는 청소년문화공동체의 대표로 '품' 은 네팔에 만든 NGO(비정부기구)이다. 심한기는 19년째 청소년 문화운동을 해오고 있는 친구로서 2006년부터 네팔에 민간비영리 단체를 만들어 직원을 상주시켜가며 문화예술 교육 사업 및 지역사회복지 실천을 하고 있다.

학생들과 나는 호텔에 도착한 후 짐을 정리하고 카트만두 타멜 거리로 저녁식사를 하려고 나갔다. 카트만두 타멜 거리는 우리나라의 인사동과 비슷하다. 네팔을 찾은 대부분의 관광객이 타멜을 거치지 않고 가는 일은 없을 정도로 유명한 관광지이다. 네팔의 문화는 힌두교와 불교의 종교적 조화가 잘 어우러져 있는 것이 특징인데, 네팔 거리 풍경에서 흔히 볼 수 있다. 우리가 알고 있듯 그들의 힌두교는 소를 숭배하고 그 외에 코끼리와 뱀도 주요한 숭배의 대상이다.

이튿날 아침 일찍 식사를 마치고 사각형 모양의 삼층 목조 건물로 화려한 목각장식이 되어 있는 쿠마리 사원을 방문했다. 그 후 네팔의 가장 오래된 사원 스와얌부나트(Swayambhunath)를 찾았는데 카트만두 분지의 모습이 인상적이었다. 탑 위에는 금박 부처의 설법을 모신 4각형의 탑이 있고 4면에 한 쌍의 눈이 그려져 있다. 이것은 세상 모든 것을 꿰뚫어 보는 불타의 눈을 나타낸 것이라고 하는데, 자세히 보면 불타의 눈이 아래의 카트만두 시를 지켜보고 있는 듯하다.

호텔로 되돌아가는 길에 운전사는 때마침 시간이 맞다며 우리에게 운이 좋다고 한다. 그리고 내려준 곳이 바로 화장터(가트, Ghat)이다. 화장터 주변을 가득 메우고 있는 연기와 코끝을 자극하는 시큼한 냄새는 시체가 타면서 나오는 것이라고 한다. 이 냄새를 따라 길을 걸어가니 강둑으로 늘어선 화장터가 보이고 부모와 형제의 시신을 태우며 통곡하는 가족과 자식들도 보인다. 인도 바라나시의 갠지스 강에서 몸을 담그고 목욕을 하는 경건한 의식을 볼 수 있듯이, 네팔의 파슈파티나트 사원 앞에 흐르는 바그마티(Baghmati) 강에서도 삶과 죽음이 교차하는 광경을 엿볼 수 있다. 이곳은 네팔 힌두교뿐만 아니라 힌두교도 전체의 성지이며, 독실한 힌두교도들이 찾아와서 죽고, 화장되어 생사의 윤회에서 벗어나고자 하는 곳이다. 이들은 여기에서 죽고 화장되는 것이 생사의 윤회를 벗어날 수 있는 길이라고 믿는다.

다음날 우리들은 국제학술세미나에 참석하기 위해 수도 카트만두에서 차로 3시간 떨어진 시골마을 두리켈(Dhulikhel)로 떠났다. 사회 개발 국제 컨소시엄(ICSD: International Consortium for Social Development)은 '사회 개발과 변화: 전 세계지역 협력관계를 위한 길' 이라는 주제로 2008년 11월 26일부터 28일까지 2박 3일간 진행됐다. 아시아지역 10개국에서 총 150여 명이 참가했다. 한국에서는 이준우 교수(강남대학교), 이익섭 교수(연세대학교)를 포함해 사회복지학 전공 교수들과 박사, 석사 과정의 학생 40여 명이 참가했다. 대회는 개막식과 환영리셉션을 시작으로 진행됐다. 이후 주제별 섹션으로 나눠 총 17섹션에 각각 3~5개 정도의 논문을 발표했다. 전체 연설과 관심 있는 주제별 섹션에 참여하면서 사회 변화와 실천의 경향을 파악했고, 네팔 지역에서 진행 중인 변화와 평화 수립 노력에 따르는 기회와 도전에 대해 논의하고 토론을 했다. 또한 사회가 변환기 중에 어떻게 조직화되고, 재교육하며 재정의되는지에 대해 집중했다.

그 중에서도 유난히 많이 거론된 단어 중 하나가 바로 사회 개발이다. 사회 개발은 개인, 가족, 사회, 국가의 사회적 · 경제적 그리고 정치적인 역량을 개발하는 것을 말한다. 사회 개발 과정은 역량 개발을 통해 사람들의 삶에 경제적 · 사회적인 개선을 가져오는 것을 목표로 한다. 사회 개발은 종종 법률 제정과 사회적 변화를 수반하기도 한다. 또한 조직과 제도 역시 리더십의 변화나 기술적인 진보가 있을 때마다 변화를 겪게 된다. 이와 유사하게 모든 국가들이 다양한 사회적 · 정치적 · 경제적 그리고 세계적인 변화와 도전에 의해 변화를 겪었다.

마지막 날에는 NGO '품' 을 방문했다. 이곳은 친구 심한기가 운영하는 곳으로 한국에서는 지역문화운동, 사람 흔들기(교육), 주주 & 나눔 사업을 하고, 네팔에서는 행복한 마을 만들기 프로젝트, 네팔 교사들을 대상으로 하는 문화예술 교육워크숍, 한국-네팔 청소년 문화교류 활동 등을 주요사업으로 활동하는 단체이다. 그 중에서도 특히, 카트만두에서 1시간 거리에 있는 베시 마을에서 진행되었던 '행복한 마을 만들기 프로젝트' 는 눈여겨볼 만하다. 일반적으로 NGO 단체라면 제3세계 국민들을 위해 물품을 전해주고, 낙후된 시설은 새것으로 만들어 주는 등 직접적으로 변화를 주는 것이 목표였지만, 이 프로젝트는 이전과는 다른 방식으로 접근했다. 이들은 행복한 마을과 학교를 만드는 주체가 '품' 이 아닌 바로 마을 청년들과 주민들로 봤다. 어떻게 하면 행복한 마을을 만들 수 있는지를 함께 고민하고, 작은 것이라도 시도해봄으로써 스스로에게 가능한 변화와 성장에 대한 동기를 불어넣어 주는 것이다. 작은 시작을 통하여 큰 변화가 일어나기 시작했다. 여러 번의 회의를 거쳐 구체적인 계획을 세우고 최종 준비를 했다. 그로 인해 마을 청년들과 함께 담장도 세우고 마을 지도도 만들고, 학교 교사와 아이들이 직접 학교 간판과 게시판, 깃발, 화분을 만들었고, 학교 교사 및 청년들에게는 아이들과 쉽게 놀 수 있는 놀이 알려주기와 앞으로 생길 희망도서관에 걸어 놓을 사진집들을 만들었다.

일방적인 물품 후원과 사회봉사로는 이들의 삶을 변화시킬 수 없다. 그들 스스로 움직이고 함께 활동을 해야 삶에 진짜 변화를 줄 수 있을 것이라는 심한기의 이야기를 들었다. 사회복지 교육자로서 많은 것들을 느끼게 해주었던 친구를 뒤로 하고 귀국길에 올랐다. 가난하지만 때 묻지 않은 순수함이 남아 있는 나라, 다시 한 번 방문하고 싶은 나라 네팔, 내 인생에 가장 소중한 추억으로 남을 것이다.

강남대학교 2009 해외봉사 활동
케냐 파견 이야기

사례1 에벤에셀 보건소 건축 공사

사례2 영농 기술 시범 교육(비닐하우스 제작)

사례3 길거리 문화공연 & 사랑나눔

출처: 강남대학교 자원봉사센터(2009), 강남 Volunteer(13).

강남대학교 2010 대학총장해외봉사단 네팔 파견 이야기

사례1 학교 교실 앞 축대 작업 & 교실 내부 페인팅

사례2 산티네걸 빈민촌 무료급식 활동 & 방역작업

사례3 예능 활동을 통한 사랑나눔

출처: 강남대학교 자원봉사센터(2010), 강남 Volunteer(14).

제 6 장

사회봉사의 전망과 과제

오늘 우리 시대에 사회봉사는 선택이 아닌 필수적인 활동으로 인식되어지고 있다. 그리고 사회봉사의 대상과 영역, 유형 등도 다양화 · 전문화 · 체계화 되어 가고 있는 것으로 본다. 뿐만 아니라 봉사 대상자에 대한 일방적인 봉사 활동에서 쌍방적인 활동으로 사회봉사의 패러다임이 전환되어 가고 있기도 하다. 이제 명실공히 사회봉사는 인류공영과 공생을 위한 보편적인 접근으로서 더욱 그 중요성과 필요성이 커져 갈 것이다.

1. 사회봉사의 세계적 동향

21세기의 윤리 규범은 사회봉사가 될 것이라고 말한 세계자원봉사협의회 회장 켄 알렌(Kenn Allen)의 말처럼 앞으로의 시기는 어느 국가를 막론하고 사회봉사가 국가의 서비스를 보완하는 차원을 넘어 국민운동으로 널리 확산될 전망이다(조휘일 외, 1997).

그렇게 보는 이유는 본격적인 정보화 시대로 들어가면서 정보화 시대를 살아가는 데 필요한 정보, 기술, 즉 자본을 가진 자와 가지지 못한 자 간의 격차는 현격히 벌어질 것이며 그러한 차이를 사회봉사와 같은 함께 사는 윤리관으로 치유하지 못하면 인류의 미래는 낙관할 수 없기 때문이다. 즉 사회봉사는 서로 돕고 나누는 공동체를 유지하는 데 도움이 되기 때문에 미래 사회를 위한 선택이 아니라 필수라는 인식이 자리를 잡아 나가게 될 것이다.

따라서 각 나라마다 봉사의 양상이나 모델은 다르지만, 앞으로 나아갈 방향은 이제까지 선진국들이 거쳤던 모습을 따라 가리라 예상되며 오늘의 사회봉사 선진국들은 계속하여 새로운 모델을 개발해 나가게 될 것이다.

선진국들의 경향으로 보아 대체로 각 나라들은 다음과 같은 방향으로 사회봉사를 발전시켜 나갈 것으로 예상된다.

첫째, 사회봉사가 활성화되기 위해서는 사회봉사 지도력이 우수해야 하며 사회봉사 감독자 또는 조정자의 역할이 중요한데, 사회봉사 조정, 지도 또는 관리가 점차 독립적인 전문직업으로 인정되고 그에 따라 사회봉사 행정도 보다 전문화될 것이다. 사회봉사 행정이 전문화될수록 봉사자와 지역사회가 다 함께 만족할 수 있는 사회봉사 네트워크가 형성될 수 있을 것이며 보다 효율적인 사회봉사 모델이 개발될 수 있을 것이다. 또한 사회봉사의 영역도 세부적으로 전문화되고 다양해질 것이다.

둘째, 새로운 봉사자들이 개발되고 등장할 것이다. 이미 선진국에서 볼 수 있듯이 여성 취업의 증가, 지리적으로 거리를 둔 주거지와 직장, 삶의 질에 대한 사람들의 고조되는 관심, 융통성 있는 근무 시간과 주당 근무 시간의 축소 경향, 비싸지는 보험료, 단조로운 행동에 대한 사람들의 싫증으로 인한 직업 이동의 증가, 날로 새로워지는 기술과 지식, 컴퓨터의 등장과 인터넷의 보급, 노인 인구의 증가 등 사회변인들을 고려한 봉사자 개발이 당면과제이며 그것을 해결해 나갈 경우 종전과 다른 새로운 봉사자들이 개발될 수 있을 것이다.

셋째, 나라마다 학생들과 젊은이들의 사회봉사를 중시하게 될 것이다. 한 사회의 젊은이들은 그 사회의 미래로 나라마다 청소년들을 사회봉사에 포함하여 그들의 힘으로 사회문제도 해결하고 또한 미래의 지도자로 키우는 것은 국가마다 중요한 과제이기 때문이다.

넷째, 정부도 사회문제해결을 위해 나름대로의 사회봉사 프로그램을 수행해 나가는 한편 민간의 사회봉사를 지원하게 될 것이다. 시대의 필요에 맞춰 국가가 할 수 있는 일 또는 국가로서 해야 할 일은 국가가 하고, 민간에서 할 수 있는 사회봉사는 민간에게 맡기는 민관의 협력이 더욱 중요시될 것이다.

다섯째, 오늘날 우리 사회는 정보화와 세계화가 확대되어 나라 간 경계는 사실상 의미가 없어지고 인류가 지구촌 가족으로 상호 긴밀하게 연결되어 보다 즉각적이고 직접적인 영향을 주고받고 있다. 따라서 인류애에 바탕을 둔 국제 사회봉사의 역할이 나날이 확대되고 있다. 전 세계에서 국제시민의식을 지닌 성숙한 봉사자들을 기다리고 있다.

2. 우리나라 사회봉사 활동의 활성화 과제

최근 우리 사회에서는 재능 나눔을 비롯하여 사회봉사에 대한 관심이 커져 나가고 있다. 그러나 우리 사회에서 사회봉사는 이제부터 시작이라고 할 수 있으며 해결해 나가야 할 과제들이 적지 않다.

사회봉사 활동이 개인 수준에서 조직 수준으로, 조직 수준에서 사회 수준으로 나가기 위해서는 사회봉사 활동 전반에 걸쳐 그 수준이 향상되어야 한다. 앞으로의 사회봉사 활동은 지금까지 해 온 활동을 바탕으로 하면서도 다음과 같이 그 방향을 한 단계 더 높여 나가야 한다(박태영 외, 2008).

1) 사회봉사 활동에 대한 패러다임의 전환

우리나라의 사회봉사 활동을 활성화하기 위한 발전 방향을 설정하기에 앞서서 우선적으로 선행되어야 할 것은 사회봉사 활동에 대한 패러다임을 전환하는 것이라고 본다. 구체적인 내용을 정리하면 다음과 같다.

(1) 자기 중심의 활동에서 공동체 중심의 활동으로

봉사자가 활동에 참가할 때 그 참가동기 가운데는 이기적인 동기가 상당부분 차지하지만 횟수를 거듭하면서 그 동기가 이타적인 동기로 바뀌는 것이 바람직하다. 앞으로의 사회봉사 활동은 봉사자 중심의 활동, 즉 자신의 관심사항에 대해서만 하던 활동에서 자신을 포함한 지역사회 전체의 과제해결 및 관심사항에 대한 활동으로, 이기적인 동기에서 이타적인 동기로 한 단계 업그레이드해 나가야 한다.

(2) 행사 중심의 활동에서 생활 중심의 활동으로

그동안의 사회봉사 활동이 비교적 단순하고 일회적인 행사 중심의 활동이었다면 이제는 봉사자와 직접 관련된 생활 중심의 활동이 되어야 한다. 사회봉사 활동 일감은 지역사회 내에 산재해 있다. 가능하면 자신의 생활근거지 주변에 있는 활동거리를 선택하는 것이 좋다. 왜냐하면 봉사 활동 일감이 봉사자 자신의 생활과 관련되어 있어서 활동 중에 그 과제의 변동 상황을 쉽게 파악할 수 있고, 이에 따라 적시에 개입할 수 있고, 활동을 위해 소요되는 시간과 비용을 최소화할 수 있기 때문이다.

(3) 일방적 활동에서 쌍방적 활동으로

지금까지의 사회봉사 활동은 능력 있는 봉사자가 자신들의 서비스를 필요로 하는 대상자 혹은 활동 영역에 일방적으로 제공하는 것이 주류를 이루었다. 이러한 활동 유형에서는 봉사자와 봉사대상자 간의 대등한 봉사 활동 관계가 봉사자 중심으로 기울어져, 자칫 봉사대상자에게는 스티그마를 줄 수 있으며 봉사자에게는 사회적으로 혜택을 받은 자에 대한 자기 과시나 우월감을 갖게 할 가능성이 있다.

사회봉사 활동은 인간이라면 누구나 해야 하는 활동으로, 이는 인간의 의무임과 동시에 권리인 것이다. 따라서 사회봉사 활동은 봉사자만 하는 것이 아니라 봉사대상자도 참가할 수 있으며, 참가할 수 있도록 인프라를 만들어 가야 하는 것이다. 궁극적으로 이러한 노력은 '전 시민의 사회봉사자화' 로 이어지게 될 것이다.

(4) 비전문적 활동 중심에서 준 전문적 · 전문적 활동도 포함하여

사회봉사 활동은 비전문가인 봉사자에 의해 무료로 제공되는 것으로 유료의 서비스보다 질이 낮은 경우가 많고, 서비스도 필요할 때 제공받지 못하는 경우가 적지 않다. 이것이 사회봉사 활동의 한계이자 특성이다. 그러나 이제는 전문가들의 사회봉사 활동의 폭이 차차 넓어지고 있다. 자신이 가진 재능을 나누려는 움직임이 사회적으로 확산되어 가고 있는 것은 고무적인 현상이다. 이는 사회 구성원 각자가 지닌 전문적인 지식과 기술을 활용함으로 사회봉사 활동의 질적 향상과 양적 확대를 가져올 수 있으며, 궁극적으로는 사회계층 간의 통합에도 기여하게 되는 것이다.

2) 사회봉사 활동의 발전방향

이상의 내용을 기초로 하여 사회봉사 활동을 활성화 시킬 수 있는 발전방향을 모색해 보고자 한다.

첫째, 사회봉사에 대한 연구가 보다 활발해져야 한다.

둘째, 사회봉사의 참 목적이 무엇인지를 명확히 하고 그 목적에 따라 어떤 방법이 가장 합리적인 사회봉사인가 하는 것을 점검하고 구체적인 목표를 수립해야 한다.

셋째, 정부는 사회봉사 활동을 지원하되, 각 영역별로 특화해 나가야 한다. 사회봉사 활동에는 정부의 법적 · 재정적 지원을 포함하여 보다 많은 관심과 지원이 필요하다.

넷째, 사회봉사의 전달은 민간 주도로 자율적 · 창의적으로 이루어지는 것이 바람직하다. 사회봉사는 궁극적으로는 인간 대 인간의 만남을 통해 이웃의 어려운 문제를 함께 풀어나가는 서비스이고 사람들의 관리가 중요한 만큼 인간 서비스에 대해 교육과 경험이 있는 전문가들이 있는 민간 단체에서 수행할 수 있는 과제이기 때문이다.

다섯째, 정부와 민간 단체들은 사회봉사에 대한 인식을 제고하는 일에 공동 보조를 맞춰 함께 노력하여야 한다. 사회봉사를 널리 알리는 방편의 하나로 우수 봉사자들을 발굴하고 시상하여 사회적인 보상을 부여하고, 아울러 사회봉사를 확산시키는 계기로 활용하는 것이 필요하다. 국제 사회에서의 봉사 활동도 활성화하여 사회봉사 분야에서의 국제경쟁력도 높이고 한국인의 이미지를 개선하는 노력이 요구된다.

또한 사회봉사 활동의 대상도 적극적으로 개발해 나가야 한다. 정년퇴직을 앞둔 장년의 남성이나 은퇴한 노인들을 봉사자로 확보하는 방안을 비롯하여 다양한 사회봉사 기회의 확대를 통해 사회봉사가 개인 발전의 기회로 쓰일 수 있도록 한다.

여섯째, 사회봉사의 증진과 더불어 정부는 사회복지에 대한 정부의 책임을 증강할 필요가 있다. 사회봉사는 사회복지를 돕는 하나의 방법이며 수단일 뿐 사회복지를 대체하는 것은 아니다. 따라서 정부는 국가에서 해야만 하는 사회보장에 대한 책임을 민간의 사회봉사에 전가해서는 안 될 것이며, 정부가 예산을 확보하는 대신 사회봉사의 자원에 의존하려해서는 안 된다. 마찬가지로 국가가 육성해야 할 사회복지 전문인력을 전문가들이 아닌 일반 사회봉사 인력으로 대체하려 해서도 안 될 것이다.

사회봉사는 이미 우리 사회에서 모든 시민이 지향해야 할 보편적 가치관으로 자리 잡아 가고 있다. 또한 고도로 발전되어 가는 정보화 사회에서 인간 소외를 막고 사람들을 연결해 주는 문제해결 방식으로 또는 그것을 통해 사람들이 만족을 구하고자 하는 삶의 양식이 되어 가고 있다.

그러므로 공공과 민간 가릴 것 없이, 이제는 국가의 역할과 민간의 역할이 다 함께 중요한 시점이다. 국가는 국가대로 사회보장에 대한 책임을 증강해 나가고, 시민사회는 시민사회대로 사회문제의 해결에 동참해서 힘을 합쳐야 할 때이기 때문이다.

사회봉사를 통해 이 시대 주인공들이 될 젊은이들의 인격적 성숙을 도모하는 한편, 그들이 현실을 올바로 알게 하고 문제해결의 역량을 갖춘 미래의 지도자로서 성장해 가도록 해야 할 것이다.

생각 다듬기

1. 오늘날 사회봉사의 필요성이 더욱 커지는 원인에 대해 생각해 봅시다.
2. 우리가 추구해야 하는 사회봉사 활동의 발전방향에 대해 함께 토의해 봅시다.
3. 지금 당장 내가 시작할 수 있는 사회봉사 활동에 대해 생각해 보고 함께 이야기 나눠 봅시다.

참고문헌

강남대학교 자원봉사센터(2009). 강남 Volunteer (13).

강남대학교 자원봉사센터(2010). 강남 Volunteer (14).

경기복지재단(2009). 2009년 제2회 경기도 사회복지프로그램 우수사례집.

구혜영(2008). 자원봉사실천론. 서울: 신정.

김기원(1995). 교회의 사회적 기능. 기독교와 사회복지, 13-26.

김기원(1997). 자원봉사참여욕구 활성화방안에 관한 연구. 사회복지연구 (10), 16-20.

김동배(2005). 시민사회와 자원봉사. 서울: 학지사.

김민영 · 조성상 · 김은영 · 양혜진(2002). 병원 자원봉사. 서울: 나눔의 집.

김범수 · 권선진 · 손병돈 · 신승연 · 신은주 · 이종복 · 이혜경 · 최현미 · 정용충 · 정옥희(2001). 자원봉사의 이해. 서울: 학지사.

김범수 · 권선진 · 신승연 · 이종복 · 손영희 · 정옥희 · 정용충 · 최은숙(2007). 자원봉사론. 서울: 학지사.

김병순(2007). 다문화가정 자녀의 유치원 생활에 관한 문화 기술적 연구. 창원대학교 교육대학원 석사학위논문.

김영찬(1994). 생활 · 문화 · 교육. 서울: 교육과학사.

김영호(2003). 자원복지의 이론과 실천. 서울: 현학사.

김영호 · 손인웅 · 이병만 · 이재현(2003). 봉사 활동과 중고등 학생 전도 전략. 은천노인복지회관 편. 서울: 예영커뮤니케이션.

김영호 · 최종혁 · 이준우 · 이연 · 안태숙 · 이은희(2009). 자원복지론. 서울: 신정.

김익균 · 김영희 · 김치영 · 신재명 · 이현기 · 장동일(2005). 자원봉사론. 서울: 교문사.

김종인 · 우주형 · 이준우(2010). 장애인복지론. 경기: 서현사.

남기철(2007). 자원봉사론. 경기: 나남출판.

류기형 · 남미애 · 박경일 · 홍봉선 · 이경희 · 장중탁(2004). 자원봉사론. 경기: 양서원.

명노충(2005). 지방정부와 시민사회 단체 간의 협력방안에 대한 연구: 대전광역시를 중심으로. 충남대 행정대학원 석사학위 논문.
박태영(2003). 지역사회복지론. 경기: 현학사.
박태영 · 김숙경 · 오주 · 이경은 · 장덕희 · 채현탁 · 최태자(2008). 자원봉사론. 경기: 공동체.
박형순(2010). 크리스천 서번트 리더십. 서울: 목양사.
보건복지부 사회서비스자원과(2010). 2010 보건복지통계연보.
신유근(2001). 사회 중시 경영. 서울: 경문사.
여성가족부(2008). 가정폭력 실태조사.
오경환(1997). 교회와 국가. 인천: 인천가톨릭대학교.
오정수 · 정익중(2008). 아동복지론. 서울: 학지사.
오효근(2006). 자원봉사의 이론과 실제. 충남: 지혜의 샘.
이배근 외(1997). 자원봉사 프로그램 백과 10 국제협력. 한국사회복지협의회.
이용교 · 이혜연(1996). 재미있는 자원봉사 길라잡이. 서울: 서울미디어.
이용교 · 이홍수 · 이성종 · 최옥채 · 권지훈 · 김형식 · 임형택 · 정찬용 · 박명윤 (2007). 행복한 세상을 만들어가는 사회복지대학생의 길. 경기: 학현사.
이종복 · 전남련 · 이권일 · 정현숙 · 김덕일 · 강상길 · 이상호 · 권태연 · 권경미 · 박순철 · 이숙자(2008). 사회복지개론. 경기: 학현사.
이준우 · 이화옥 · 임원선(2006). 사례와 함께 하는 사회복지실천론. 서울: 인간과복지.
이태수 · 정익중 · 김신열 · 박경수 · 이호균 · 이경림 · 박주현(2008). 아동 · 청소년복지 네트워크의 이론과 실제. 서울: 학지사.
이훈구(2004). 이혼이 자녀에게 미치는 효과에 관한 개관 연구. 한국심리학회지 (10), 47-53.
장인협 · 오정수(2004). 아동 · 청소년복지론. 서울: 서울대학교출판부.
전국경제인연합회(2007). 기업 · 기업재단 사회공헌백서.
전선주(2010). 네잎클로버 편들기-장애학생들과 함께하는 행복한 교단수필. 서울: 학지사.
조영달(2006). 다문화가정의 자녀 교육 실태 조사. 교육인적자원부.
조휘일(1998). 현대사회와 자원봉사. 서울: 홍익재.
조휘일 · 성민선 · 이창호(1997). 자원봉사 프로그램 백과 2 자원봉사의 기초. 한국사회복지

협의회.
조휘일 · 정재훈 · 원미순 · 박윤숙(2009). 자원봉사론. 경기: 공동체.
주성수(2003). 기업시민정신과 NGO. 서울: 아르케.
주성수(2005). 자원봉사: 이론, 제도, 정책. 서울: 아르케.
최덕경 · 강기정 · 박경애 · 박창우 · 배은숙 · 이명원 · 이혜자 · 정은미 · 정혜선 (2006). 자원봉사론. 경기: 공동체.
한국유아교육학회(1996). 유아교육사전: 용어편. 한국사전연구사.
현외성(2011). 자원봉사론 강해. 서울: 학지사.
황성철(2005). 프로그램 개발과 평가. 경기: 공동체.

강남대학교 자원봉사센터. http://builder.kangnam.ac.kr/user/knug1044/index.html
국가법령정보센터. http://www.sarangfare.org
국립소록도병원. http://www.sorokdo.go.kr/index.jsp
남서울은혜교회. http://nsgrace.org
대학생자원봉사협의회. http://www.nucv.org/
사회복지 봉사 활동 인증관리. http://www.vms.or.kr
사회복지법인 사랑의복지재단. http://www.sarangfare.org
서울대학교병원 자원봉사자 홈페이지. http://www.snuhvt.com/activity/activity02.htm
여성가족부. http://www.mogef.go.kr
위키 백과. http://ko.wikipedia.org
조선일보. http://www.chosun.com
통계청. http://www.kostat.go.kr
한국대학사회봉사협의회. http://www.kucss.or.kr
Daum 국어사전. http://krdic.daum.net

Alcock, P. Erskine, A. & May, M.(1998). *The students's companion to social policy*. Oxford: Blackwell Publishers.

Barker, R. L.(1995). *The social work dictionary*(3th ed.). Washington DC: NASW Press.

Ford, L.(1991). *Transforming Leadership*. Inter Varsity Press.

Geertz, Clifford.(1973). *Interpretation of Cultures*. Basic Books. N.Y., 126-141. 오경환(1990). 기독교사회학. 서울: 서광사.

Govaart, Margriet-Marie. et al. (eds).(2001). *Volunteering worldwide*. NIZW: Netherlands Institute of Care and Welfare.

Greenleaf, R. K.(2003). *The Servant Leader within*. Robert K. Greenleaf Center, Inc.

Johnson, N.(1987). *The Welfare State in Transition: The Theory and Practice of Welfare Pluralism*. Brighton: Wheatsheaf Books.

Maruro, Otto.(1982). *Religion and Social Conflicts*. Orbis Books. 오경환(1990). 기독교사회학. 서울: 서광사.

Parrillo, Vincent N., et. al.(1989). *Contemporary Social Problems*. N.Y.: Macmillan Publishing Company.

Rubin, Herbert J. & Rubin, Irene.(1986). *Community Organizing & Development*. Merrill Publishing Company.

Scarpitti, Frank. & Andersen, Margaret.(1989). *Social Problems*. N.Y.: Harper & Row Publisher, 4-12.

부록

1. 자원봉사 활동 기본법
2. 알아두면 유용한 사회봉사 관련 사이트
3. 사회봉사의 실제: 관련양식

1. 자원봉사 활동 기본법

[시행 2008. 2. 29.] [법률 제8852호, 2008. 2. 29., 타법개정]

제1조 (목적)

이 법은 자원봉사 활동에 관한 기본적인 사항을 규정함으로써 자원봉사 활동을 진흥하고 행복한 공동체 건설에 기여함을 목적으로 한다.

제2조 (기본방향)

자원봉사 활동의 진흥을 위한 정책은 다음 사항을 기본방향으로 하여야 한다.

1. 자원봉사 활동은 국민의 협동적인 참여능력을 높일 수 있는 방향으로 추진하여야 한다.
2. 자원봉사 활동은 무보수성 · 자발성 · 공익성 · 비영리성 · 비정파성 · 비종파성의 원칙 아래 수행될 수 있도록 하여야 한다.
3. 모든 국민은 연령 · 성별 · 장애 · 지역 · 학력 등 사회적 배경에 관계없이 누구든지 자원봉사 활동에 참여할 수 있도록 하여야 한다.
4. 자원봉사 활동의 진흥을 위한 정책은 민 · 관 협력의 기본정신을 바탕으로 하여 추진하여야 한다.

제3조 (용어의 정의)

이 법에서 사용하는 용어의 정의는 다음과 같다.

1. "자원봉사 활동"이라 함은 개인 또는 단체가 지역사회 · 국가 및 인류사회를 위하여 대가없이 자발적으로 시간과 노력을 제공하는 행위를 말한다.

2. "자원봉사자"라 함은 자원봉사 활동을 행하는 자를 말한다.
3. "자원봉사단체"라 함은 자원봉사 활동을 주된 사업으로 행하거나 이를 지원하기 위하여 설립된 비영리 법인 또는 단체를 말한다.
4. "자원봉사센터"라 함은 자원봉사 활동 개발 · 장려 · 연계 · 협력 등의 사업을 수행하기 위하여 법령과 조례 등에 의하여 설치된 기관 · 법인 · 단체 등을 말한다.

제4조 (국가 및 지방자치단체의 책무)

국가와 지방자치단체는 자원봉사 활동의 진흥에 관한 시책을 강구하여 국민의 자원봉사 활동을 권장 · 지원 한다.

제5조 (정치활동 등 금지의무)

① 제14조 및 제19조에 근거하여 지원을 받는 자원봉사단체 및 자원봉사센터는 그 명의 또는 그 대표의 명의로 특정정당 또는 특정인의 선거운동을 하여서는 아니된다.

② "선거운동"이라 함은 「공직선거법」 제58조 제1항의 규정에 따른 선거운동을 말한다.

제6조 (다른 법률과의 관계)

자원봉사 활동의 진흥 등에 관하여는 다른 법률에 특별한 규정이 있는 경우를 제외하고는 이 법이 정하는 바에 따른다.

제7조 (자원봉사 활동의 범위)

이 법의 적용을 받는 자원봉사 활동의 범위는 다음과 같다.

1. 사회복지 및 보건 증진에 관한 활동
2. 지역사회개발 · 발전에 관한 활동
3. 환경보전 및 자연보호에 관한 활동
4. 사회적 취약계층의 권익증진 및 청소년의 육성보호에 관한 활동
5. 교육 및 상담에 관한 활동
6. 인권옹호 및 평화구현에 관한 활동
7. 범죄예방 및 선도에 관한 활동
8. 교통 및 기초질서계도에 관한 활동
9. 재난관리 및 재해구호에 관한 활동
10. 문화 · 관광 · 예술 및 체육진흥에 관한 활동
11. 부패방지 및 소비자보호에 관한 활동
12. 공명선거에 관한 활동
13. 국제협력 및 해외봉사 활동
14. 공공행정 분야 사무 지원에 관한 활동
15. 그 밖에 공익사업의 수행 또는 주민복리의 증진에 필요한 활동

제8조 (자원봉사진흥위원회)

① 자원봉사 활동에 관한 주요정책을 심의하기 위하여 국무총리 소속하에 관계 부처 및 민간전문가로 구성된 자원봉사진흥위원회를 둔다.

② 자원봉사진흥위원회는 다음 사항을 심의한다.

1. 자원봉사 활동의 진흥을 위한 정책방향의 설정 및 협력 · 조정

2. 자원봉사 활동의 진흥을 위한 국가기본계획과 연도별 시행계획에 관한 사항

3. 자원봉사 활동의 진흥을 위한 제도개선에 관한 사항

4. 그 밖에 자원봉사 활동의 진흥에 관하여 필요한 사항

③ 제2항의 규정에 의한 심의사항을 미리 검토하고 관계 기관 간의 협의사항을 정리하기 위하여 자원봉사진흥위원회에 실무위원회를 둘 수 있다.

④ 자원봉사진흥위원회 및 실무위원회의 구성 · 조직 운영에 관하여 필요한 사항은 대통령령으로 정한다.

제9조 (자원봉사 활동의 진흥에 관한 국가기본계획의 수립)

① 행정안전부장관은 관계중앙행정기관의 장과 협의하여 자원봉사 활동의 진흥을 위한 국가기본계획(이하 "기본계획"이라 한다)을 5년마다 수립하여야 한다. 〈개정 2008. 2. 29.〉

② 기본계획에는 다음 사항이 포함되어야 한다.

1. 자원봉사 활동의 진흥에 관한 기본방향

2. 자원봉사 활동의 진흥에 관한 추진일정

3. 관계 중앙행정기관의 자원봉사 활동에 관한 추진시책

4. 자원봉사 활동의 진흥을 위하여 필요한 재원의 조달방법

5. 그 밖에 자원봉사 활동의 진흥을 위하여 특히 필요하다고 인정되는 사항

제10조 (연도별 시행계획의 수립)

관계 중앙행정기관의 장과 지방자치단체의 장은 기본계획에 따라 연도별 시행계획을 수립 · 시행하여야 한다.

제11조 (학교 · 직장 등의 자원봉사 활동 장려)

① 학교는 학생의 자원봉사 활동을 권장하고 지도 · 관리하기 위하여 노력한다.

② 직장은 직장인의 자원봉사 활동을 촉진하기 위하여 노력한다.

③ 학교 · 직장 등의 장은 학생 및 직장인 등의 자원봉사 활동에 대하여 그 공헌을 인정하여 줄 수 있다.

제12조 (포상)

국가와 지방자치단체는 국가와 사회에 현저한 공로가 있는 자원봉사 활동을 한 자원봉사자, 자원봉사단체, 자원봉사센터 등에 대하여 대통령령이 정하는 바에 따라 포상할 수 있다.

제13조 (자원봉사자의 날 및 자원봉사주간)

① 국가는 국민의 자원봉사 활동에 대한 참여를 촉진하고 자원봉사자의 사기를 높이기 위하여 매년 12월 5일을 자원봉사자의 날로 하고 자원봉사자의 날부터 1주간을 자원봉사주간으로 설정한다.

② 자원봉사자의 날 및 자원봉사주간의 행사에 관하여 필요한 사항은 대통령령으로 정한다.

제14조 (자원봉사자의 보호)

① 국가와 지방자치단체는 자원봉사 활동이 안전한 환경 속에서 이루어질 수 있도록 노력하여야 한다.

② 자원봉사자에 대한 보험의 가입 등 보호의 종류와 내용에 관하여 필요한 사항은 대통령령으로 정한다.

제15조 (자원봉사 활동의 관리)

자원봉사단체 및 자원봉사센터는 자원봉사자에 대한 교육훈련 및 안전대책 등이 체계적으로 관리될 수 있도록 노력하여야 한다.

제16조 (국 · 공유재산의 사용)

국가와 지방자치단체는 「국유재산법」 또는 「지방재정법」의 규정에 불구하고 자원봉사 활동의 진흥을 위하여 자원봉사단체 및 자원봉사센터가 대통령령이 정하는 특정사업을 수행하기 위하여 국 · 공유 재산을 필요로 한다고 인정하는 때에는 이를 무상으로 대여하거나 사용하게 할 수 있다.

제17조 (한국자원봉사협의회)

① 자원봉사단체는 전국단위의 자원봉사 활동을 진흥 · 촉진을 위한 다음의 활동을 하기 위하여 한국자원봉사협의회를 설립할 수 있다.

1. 회원단체 간의 협력 및 사업지원
2. 자원봉사 활동의 진흥을 위한 대국민 홍보 및 국제교류
3. 자원봉사 활동과 관련된 정책의 개발 및 조사 · 연구

4. 자원봉사 활동과 관련된 정책의 건의
5. 자원봉사 활동과 관련된 정보의 연계 및 지원
6. 그 밖에 자원봉사 활동의 진흥과 관련하여 국가 및 지방자치단체로부터 위탁 받은 사업

② 제1항의 규정에 의한 한국자원봉사협의회는 법인으로 한다.

③ 한국자원봉사협의회는 정관을 작성하여 행정안전부장관의 인가를 받아 등기함으로써 설립된다. 〈개정 2008. 2. 29.〉

④ 한국자원봉사협의회의 조직과 운영 등에 관하여 필요한 사항은 대통령령으로 정한다.

제18조 (자원봉사단체에 대한 지원)

국가 및 지방자치단체는 자원봉사단체의 활동에 필요한 행정적 지원을 할 수 있으며 「비영리민간단체지원법」에 의한 사업비를 지원할 수 있다.

제19조 (자원봉사센터의 설치 및 운영)

① 국가기관 및 지방자치단체는 자원봉사센터를 설치할 수 있다. 이 경우 자원봉사센터를 법인으로 하여 운영하거나 비영리 법인에게 위탁하여 운영하여야 한다.

② 제1항 후단의 규정에도 불구하고 자원봉사 활동을 효율적으로 추진하기 위하여 필요하다고 인정할 때에는 국가기관 및 지방자치단체가 운영할 수 있다.

③ 국가는 자원봉사센터의 설치 · 운영이 활성화될 수 있도록 적극 노력하여야 하며, 지방자치단체는 자원봉사센터의 운영에 필요한 경비를 지원할 수 있다.

④ 자원봉사센터 장의 자격요건과 자원봉사센터의 조직 및 운영 등에 관하여 필요한 사항은 대통령령으로 정한다.

제20조 (벌칙)

자원봉사단체 및 자원봉사센터가 제5조의 규정에 따른 정치활동 등 금지의무를 위반한 때에는 「공직선거법」 제255조 제1항 제11호의 규정에 따른 벌칙을 적용한다.

출처: 국가법령정보센터(http://www.law.go.kr).

2. 알아두면 유용한 사회봉사 관련 사이트

1365자원봉사포털	http://www.1365.go.kr
경기도자원봉사센터	http://www.ggvc.or.kr
굿네이버스	http://www.goodneighbors.kr
대학생자원봉사협의회	http://www.nucv.org
보건복지부	http://www.mw.go.kr
복지넷	http://www.bokji.net
봉사와나눔 운동본부	http://volunteerkorea.or.kr
사회복지 봉사 활동 인증관리 VMS	http://www.vms.or.kr
사회복지정보센터	http://welinfo.kr
서울시자원봉사센터	http://volunteer.seoul.go.kr
청소년자원봉사	http://www.dovol.net/index.html
청소년종합정보서비스	http://www.all4youth.net
코피온	http://www.kopion.or.kr
한국국제봉사기구	http://www.kvo.or.kr
한국국제협력	http://www.koica.go.kr
한국대학사회봉사협의회	http://www.kucss.or.kr
한국자원봉사관리협회	http://www.kavm.or.kr
한국자원봉사교육협회	http://www.kvea.or.kr
한국자원봉사센터중앙회	http://www.kfvc.or.kr
한국자원봉사포럼	http://www.kvf.or.kr
한국자원봉사협의회	http://www.kcv.or.kr
한국지역복지봉사회	http://www.kcwva.or.kr

3. 사회봉사의 실제: 관련양식

사회봉사 신청서

1. 봉사자

신청학년도	20 학년도	신청학기	1학기 ( ), 2학기 ( ) 여름학기( ), 겨울학기( )
성 명		성 별	남☐ 여☐
학 부		학년 / 학번	
연 락 처		e-mail	

2. 기관 · 봉사내용

봉사구분		봉사 및 기관선택	기관주소 및 연락처
교내봉사	1지망		(봉사일시)
	2지망		(봉사일시)
교외봉사	1지망		주 소 : 연락처 : 담당자 :
	2지망		주 소 : 연락처 : 담당자 :

신 청 일 20 년 월 일 신 청 인 ____________(인)

강남대학교자원봉사센터

☎ 031-280-3930~2 / Fax 031-280-3942

사회봉사 활동 일지

성명		학부/전공		학번	

*활동내용 및 소감

1. 활동장소 :

활동일시 : 20 년 월 일( )/ __시 __분부터 __시 __분까지 (시간 분)

활동내용 :

활동소감 :

2. 활동장소 :

활동일시 : 20 년 월 일( )/ __시 __분부터 __시 __분까지 (시간 분)

활동내용 :

활동소감 :

신 청 일 20 년 월 일　　　　신 청 인 ____________(인)

강남대학교자원봉사센터

☎ 031-280-3930~2 / Fax 031-280-3942

사회봉사 활동 일지

성명		학부/전공		학번	

*활동내용 및 소감

3. 활동장소 :

활동일시 : 20 년 월 일( )/ ___시 __분부터 ___시 __분까지 (시간 분)

활동내용 :

활동소감 :

4. 활동장소 :

활동일시 : 20 년 월 일( )/ ___시 __분부터 ___시 __분까지 (시간 분)

활동내용 :

활동소감 :

신 청 일 20 년 월 일 신 청 인 ___________(인)

강 남 대 학 교 자 원 봉 사 센 터

☎ 031-280-3930~2 / Fax 031-280-3942

사회봉사 활동 일지

성명		학부/전공		학번	

*활동내용 및 소감

5. 활동장소 :

활동일시 : 20 년 월 일( )/ ___시 ___분부터 ___시 ___분까지 (시간 분)

활동내용 :

활동소감 :

6. 활동장소 :

활동일시 : 20 년 월 일( )/ ___시 ___분부터 ___시 ___분까지 (시간 분)

활동내용 :

활동소감 :

신청일 20 년 월 일 신청인 ____________(인)

강남대학교자원봉사센터

☎ 031-280-3930~2 / Fax 031-280-3942

사회봉사 평가서

1. 봉사자

성명		주민등록번호	
학부		학번	
주소		연락처	CP : HOME:

2. 기관 · 봉사내용

기관명				연락처		
기관주소						
기관장				담당		
봉사 내용						
봉사 기간	일자	시간	일자	시간	일자	시간
	/	: ~ :	/	: ~ :	/	: ~ :
	/	: ~ :	/	: ~ :	/	: ~ :
	/	: ~ :	/	: ~ :	/	: ~ :
	/	: ~ :	/	: ~ :	/	: ~ :
	/	: ~ :	/	: ~ :	/	: ~ :

3. 평가

가. 출석시간 : 총 시간

나. 봉사평가

평가항목	구체적 내용	최종평가(5점 만점)
1. 봉사자의 태도		1 2 3 4 5
2. 직원과의 관계		1 2 3 4 5
3. 대상자와의 관계		1 2 3 4 5
4. 업무의 효과적 수행		1 2 3 4 5
5. 봉사자의 책임성		1 2 3 4 5
6. 봉사자의 적극성		1 2 3 4 5
7. 봉사자의 창조성		1 2 3 4 5
8. 봉사자의 협조성		1 2 3 4 5
합계		총점 : 점

*봉사평가 총점이 24점 미만일 경우는 봉사 부적격자로 판정이 됩니다.

20 년 월 일

기관명 (직인)

강남대학교자원봉사센터

☎ 031-280-3930~2 / Fax 031-280-3942

저자소개

윤 갑 수

강남대학교 신학과 졸업
감리교 신학대학교 신학대학원 (M. Div.)
미국 드류 대학교 신학대학원 (D. Min) 목회학 박사
강남대학교 교양학부 교수
강남대학교 교목실장 · 실천신학대학원장 · 대학교회 담임목사
심전국제교류재단 이사

박 형 순

한국외국어대학교 프랑스어학과 졸업
네덜란드 턴데일 신학대학원, 캐나다 토론토 대학교 (M. Div.)
미국 에스턴 신학대학원 선교학 박사과정 수학
리버풀 대학교와 트리니티 신학대학원 공동학위 과정 교회행정학 박사
강남대학교 교양학부 교수
강남대학교 교목

이 준 우

총신대학교 종교교육학과, 동대 신학대학원 졸업
숭실대학교 사회사업학과 학부과정 이수
숭실대학교 대학원 사회사업학과 석사 · 박사 (사회복지학 박사)
강남대학교 사회복지학부 교수
강남대학교 사회복지대학 학장 · 사회복지전문대학원 원장 · 교목
화성시남부노인복지관 관장
남서울은혜교회 장애인사역 담당 교육목사

현 무 성

서울대학교 사범대학 체육교육학과 졸업
서울대학교 사범대학 교육대학원 석사 · 박사 (운동역학 전공)
강남대학교 사회체육학과 교수

김 택 환

단국대학교 사범대학 음악교육과, 동대 대학원 음악과 졸업

이태리 아르츠 아카데미, 니노로따 아카데미 성악 디플로마

이태리 아람 아카데미 (Accademia Romana Delle Arti Musicali) 합창지휘 디플로마

강남대학교 음악학과 교수

강남대학교 음악학과 학과장 · 대학원 음악학과 주임교수

이탈리아 가곡연구회 부회장

한국배움학회 부회장

서울 YWCA 합창단 상임지휘자

임 현 승

강남대학교 사회복지학과 졸업

미국 테일러 대학 졸업

미국 그랜드밸리 주립대학교 사회복지대학원 사회사업학 석사

미국 사우스캐롤라이나 대학교 사회복지대학원 사회복지학 박사

강남대학교 사회복지학부 교수

한국보육학회 이사

한국지역복지정책연구회 등기이사

ICSD 학회 조직위원

경기도 사회복지공동모금회 배분분과 부위원장

원 지 영

이화여자대학교 사회복지학과, 동대학교 사회복지대학원 졸업

미국 펜실베니아 대학교 사회복지대학원 석사 (M. S. W.)

미국 시카고 대학교 사회복지대학원 박사 (Ph. D.)

강남대학교 사회복지학부 교수

주 향 빈

강남대학교 신학과 졸업

강남대학교 대학원 행정학 석사

강남대학교 교목실 팀장

강남대학교 자원봉사센터 팀장

강남대학교 장애학생종합지원센터 팀장

대학생을 위한 신나는 사회봉사 길라잡이

초판 1쇄 인쇄 2011년 2월 19일
초판 1쇄 발행 2011년 2월 26일

지은이_ 윤갑수 · 박형순 · 이준우 · 현무성
김택환 · 임현승 · 원지영 · 주향빈
펴낸이_ 황호철
펴낸곳_ 도서출판 파란마음
주소_ 140-845 서울시 용산구 원효로1가 43-9 | 전화_ (02) 3275-2110~1 | 팩스_ (02) 3275-2199
등 록_ 2006년 4월 24일 · 제302-2006-00024호

ⓒ 윤갑수 외, 2011
＊이 책 내용의 전부 또는 일부를 재사용하려면
반드시 저작권자와 파란마음 양측의 동의를 받아야 합니다.
＊저자와 협의하여 인지는 생략합니다.

ISBN 978-89-92546-77-5 93330
값 13,000원